Éclats d'Espagne
Voyage Culinaire dans la Cuisine Espagnole

Antoine Dupont

RÉSUMÉ

SALADE D'ANCHOIS ET SARDINES MARINÉES AU PARMESAN 27
    INGRÉDIENTS 27
    TRAITEMENT 27
    ASTUCE 28

SALADE DE COURGETTES À LA MENTHE, AUX NOIX ET AU FROMAGE BLEU 29
    INGRÉDIENTS 29
    TRAITEMENT 29
    ASTUCE 29

SALADE D'AGNEAU AVEC PASTÈQUE, MOZZARELLA ET JAMBON 31
    INGRÉDIENTS 31
    TRAITEMENT 31
    ASTUCE 31

SALADE DE CHOU 32
    INGRÉDIENTS 32
    TRAITEMENT 32
    ASTUCE 32

SALADE DE CHOU AVEC MAYONNAISE DE BETTERAVES ... 33
    INGRÉDIENTS 33
    TRAITEMENT 33
    ASTUCE 33

SALADE DE PERCÉS MARINÉS 34

- INGRÉDIENTS 34
- TRAITEMENT 34
- ASTUCE 35
- SALADE D'ENDIVES AU CABILLAUD, THON ET ANCHOIS .. 36
  - INGRÉDIENTS 36
  - TRAITEMENT 36
  - ASTUCE 37
- SALADE D'ENDIVES AUX CHAMPIGNONS, CREVETTES ET MANGUE 38
  - INGRÉDIENTS 38
  - TRAITEMENT 38
  - ASTUCE 39
- SALADE D'AGNEAU AUX FRUITS, CREVETTES ET VINAIGRETTE AU MIEL ET À LA MOUTARDE 40
  - INGRÉDIENTS 40
  - TRAITEMENT 40
  - ASTUCE 41
- SALADE D'ENDIVES À LA GRENADE ET AU THON 42
  - INGRÉDIENTS 42
  - TRAITEMENT 42
  - ASTUCE 42
- SALADE DE CŒURS AU THON ET NOIX DE CAJOU 44
  - INGRÉDIENTS 44
  - TRAITEMENT 44
  - ASTUCE 44

SALADE D'ÉPINARDS AUX CHAMPIGNONS, BACON ET PARMESAN 45

    INGRÉDIENTS 45

    TRAITEMENT 45

    ASTUCE 45

SALADE D'ÉPINARDS À LA VINAIGRETTE DE POIRE, FROMAGE BLEU ET MOUTARDE 46

    INGRÉDIENTS 46

    TRAITEMENT 46

    ASTUCE 47

SALADE DE POIS CHICHES À LA MORUE ET AU BASILIC ALIOLI 48

    INGRÉDIENTS 48

    TRAITEMENT 48

    ASTUCE 49

SALADE DE LÉGUMES RÔTIS AU FROMAGE FUMÉ MORUE 50

    INGRÉDIENTS 50

    TRAITEMENT 50

    ASTUCE 51

SALADE DE LAITUE ASSORTIE AU FROMAGE DE CHÈVRE ET VINAIGRETTE AUX NOIX 52

    INGRÉDIENTS 52

    TRAITEMENT 52

    ASTUCE 53

SALADE DE LÉGUMES 54

    INGRÉDIENTS 54

    TRAITEMENT 54

- ASTUCE 54
- **SALADE DE LENTILLES ET CREVETTES** 55
  - INGRÉDIENTS 55
  - TRAITEMENT 55
  - ASTUCE 55
- **SALADE DE POIVRONS AU FROMAGE ET JAMBON** 56
  - INGRÉDIENTS 56
  - TRAITEMENT 56
  - ASTUCE 56
- **SALADE D'ASPERGES VERTES AU JAMBON SERRANO** 57
  - INGRÉDIENTS 57
  - TRAITEMENT 57
  - ASTUCE 58
- **SALADE DE PÂTES** 59
  - INGRÉDIENTS 59
  - TRAITEMENT 59
  - ASTUCE 60
- **SALADE DE POMMES DE TERRE AUX ANCHOIS, FROMAGE BLEU ET FRUITS À COQUE** 61
  - INGRÉDIENTS 61
  - TRAITEMENT 61
  - ASTUCE 62
- **SALADE DE POIVRONS RÔTIS AU THON ET OIGNONS** 63
  - INGRÉDIENTS 63
  - TRAITEMENT 63
  - ASTUCE 63

SALADE GRECQUE	64
INGRÉDIENTS	64
TRAITEMENT	64
ASTUCE	64
SALADE DE MALAGA	65
INGRÉDIENTS	65
TRAITEMENT	65
ASTUCE	65
SALADE MIMOSA	66
INGRÉDIENTS	66
TRAITEMENT	66
ASTUCE	66
SALADE NICOISE	67
INGRÉDIENTS	67
TRAITEMENT	67
ASTUCE	68
SALADE DE POULET AUX FRUITS ET VINAIGRETTE AU CIDRE	69
INGRÉDIENTS	69
TRAITEMENT	69
ASTUCE	70
SALADE DE POULPE, CREVETTES ET AVOCAT	71
INGRÉDIENTS	71
TRAITEMENT	71
ASTUCE	72
ROQUETTE AVEC SAUCE FUMEE, ROSE ET NOIX	73

- INGRÉDIENTS 73
- TRAITEMENT 73
- ASTUCE 73

SALADE DE PÂTES À LA FETA ET À LA MENTHE 74
- INGRÉDIENTS 74
- TRAITEMENT 74
- ASTUCE 74

SALADE DE CREVETTES, ANCHOIS ET GRENADE 75
- INGRÉDIENTS 75
- TRAITEMENT 75
- ASTUCE 76

ROQUETTE AVEC Pancetta, Fromage Bleu ET NOIX 77
- INGRÉDIENTS 77
- TRAITEMENT 77
- ASTUCE 77

SALADE DE SAUMON FUMÉ, CREVETTES, POMMES DE TERRE ET GRENADE 78
- INGRÉDIENTS 78
- TRAITEMENT 78
- ASTUCE 79

SALADE DE CAROTTES AVEC SARDINES EN CONSERVE 80
- INGRÉDIENTS 80
- TRAITEMENT 80
- ASTUCE 80

SALADE WALDORF 81
- INGRÉDIENTS 81

TRAITEMENT 81

ASTUCE 81

SALADE DE POMMES DE TERRE AUX CREVETTES ET GRENADE
.... 82

INGRÉDIENTS 82

TRAITEMENT 82

ASTUCE 82

SALADE CÉSAR 83

INGRÉDIENTS 83

TRAITEMENT 83

ASTUCE 84

PIPIRRANA MURCIANO 85

INGRÉDIENTS 85

TRAITEMENT 85

ASTUCE 85

ROQUETTE À LA MANGUE, POULET ET PISTACHES 86

INGRÉDIENTS 86

TRAITEMENT 86

ASTUCE 86

SOUPE JULIANNE 87

INGRÉDIENTS 87

TRAITEMENT 87

ASTUCE 87

AIL MALAGUENO BLANC 88

INGRÉDIENTS 88

TRAITEMENT 88

- **ASTUCE** 88
- **CRÈME DE POIVRONS ROUGES RÔTIS** 89
  - **INGRÉDIENTS** 89
  - **TRAITEMENT** 89
  - **ASTUCE** 89
- **BISKET DE CRABE** 90
  - **INGRÉDIENTS** 90
  - **TRAITEMENT** 90
  - **ASTUCE** 91
- **CONSOMMATION DE POULET A LA POMME** 92
  - **INGRÉDIENTS** 92
  - **TRAITEMENT** 92
  - **ASTUCE** 92
- **BUT D'ANTEQUERA** 93
  - **INGRÉDIENTS** 93
  - **TRAITEMENT** 93
  - **ASTUCE** 93
- **CRÈME SAINT-GERMAIN** 94
  - **INGRÉDIENTS** 94
  - **TRAITEMENT** 94
  - **ASTUCE** 94
- **SOUPE AUX BISCUITS ET CREVETTES** 95
  - **INGRÉDIENTS** 95
  - **TRAITEMENT** 95
  - **ASTUCE** 95
- **CRÈME DE POIS CHICHES DE CASTILLE** 96

- INGRÉDIENTS 96
- TRAITEMENT 96
- ASTUCE 96

SOUPE DE POISSON 97
- INGRÉDIENTS 97
- TRAITEMENT 97
- ASTUCE 97

CRÈME DE MORUE 98
- INGRÉDIENTS 98
- TRAITEMENT 98
- ASTUCE 99

CRÈME DE BROCOLI AU BACON GRILLÉ 100
- INGRÉDIENTS 100
- TRAITEMENT 100
- ASTUCE 100

GAZPACHO MANCHEGO 101
- INGRÉDIENTS 101
- TRAITEMENT 101
- ASTUCE 101

CRÈME DE COURGETTE 102
- INGRÉDIENTS 102
- TRAITEMENT 102
- ASTUCE 102

SOUPE CASTILLAINE 103
- INGRÉDIENTS 103
- TRAITEMENT 103

ASTUCE	103
CRÈME DE CITROUILLE	104
INGRÉDIENTS	104
TRAITEMENT	104
ASTUCE	104
CRÈME D'ASPERGES VERTES AU SAUMON FUMÉ	105
INGRÉDIENTS	105
TRAITEMENT	105
ASTUCE	105
CRÈME D'ÉPINARDS À LA COLLE EN CONSERVE	106
INGRÉDIENTS	106
TRAITEMENT	106
ASTUCE	107
GAZPACHO ANDALOUS	108
INGRÉDIENTS	108
TRAITEMENT	108
ASTUCE	108
CRÈME DE HARICOTS ET PAPRIKA AU SEL DE JAMBON	109
INGRÉDIENTS	109
TRAITEMENT	109
ASTUCE	110
CRÈME DE MELON AVEC JAMBON ET POMMES DE TERRE	111
INGRÉDIENTS	111
TRAITEMENT	111
ASTUCE	111
CRÈME DE POMMES DE TERRE AU CHORIZO	112

- INGRÉDIENTS 112
- TRAITEMENT 112
- ASTUCE 113

CONFÉRENCE CRÈME DE POIRES ET POMMES DE TERRE 113
- INGRÉDIENTS 113
- TRAITEMENT 113
- ASTUCE 113

CRÈME DE POIREAUX 115
- INGRÉDIENTS 115
- TRAITEMENT 115
- ASTUCE 115

CRÈME DE CHAMPIGNONS ET FLOCONS DE PARMESAN. 116
- INGRÉDIENTS 116
- TRAITEMENT 116
- ASTUCE 116

SOUPE À LA TOMATE 117
- INGRÉDIENTS 117
- TRAITEMENT 117
- ASTUCE 117

CRÈME DE MELON FROID 118
- INGRÉDIENTS 118
- TRAITEMENT 118
- ASTUCE 118

CRÈME DE BETTERAVES 119
- INGRÉDIENTS 119
- TRAITEMENT 119

- **ASTUCE** 119
- **CRÈME DE PAREMENT** 120
  - **INGRÉDIENTS** 120
  - **TRAITEMENT** 120
  - **ASTUCE** 120
- **CRÈME DE PALOURDES** 121
  - **INGRÉDIENTS** 121
  - **TRAITEMENT** 121
  - **ASTUCE** 122
- LAPIN CHOCOLAT AUX AMANDES RÔTIES 123
  - INGRÉDIENTS 123
  - TRAITEMENT 123
  - ASTUCE 124
- CRIADILLA D'AGNEAU PANÉ AUX FINES HERBES 125
  - INGRÉDIENTS 125
  - TRAITEMENT 125
  - ASTUCE 125
- Escalope milanaise 126
  - INGRÉDIENTS 126
  - TRAITEMENT 126
  - ASTUCE 126
- RAGOÛT DE VIANDE À LA JARDINERA 127
  - INGRÉDIENTS 127
  - TRAITEMENT 127
  - ASTUCE 128
- FLAMENCO 129

INGRÉDIENTS	129
TRAITEMENT	129
ASTUCE	129

FRICAND DE VEAU 130
    INGRÉDIENTS 130
    TRAITEMENT 130
    ASTUCE 131

PORRIDGE AU CHORIZO ET SAUCISSE 132
    INGRÉDIENTS 132
    TRAITEMENT 132
    ASTUCE 133

LACON AUX FEUILLES DE NAVET 134
    INGRÉDIENTS 134
    TRAITEMENT 134
    ASTUCE 135

FOIE DE VEAU AU VIN ROUGE 136
    INGRÉDIENTS 136
    TRAITEMENT 136
    ASTUCE 137

Mijoté de lièvre 138
    INGRÉDIENTS 138
    TRAITEMENT 138
    ASTUCE 139

LONGE DE PORC À LA PÊCHE 140
    INGRÉDIENTS 140
    TRAITEMENT 140

ASTUCE 140
SAUCE MAIGRE 141
    INGRÉDIENTS 141
    TRAITEMENT 141
    ASTUCE 142
BOUTONS DE PORC CUIT 143
    INGRÉDIENTS 143
    TRAITEMENT 143
    ASTUCE 144
LES MIETTES 145
    INGRÉDIENTS 145
    TRAITEMENT 145
    ASTUCE 145
LONGE DE PORC FARCIE 146
    INGRÉDIENTS 146
    TRAITEMENT 146
    ASTUCE 147
VEAU CARBONARA 148
    INGRÉDIENTS 148
    TRAITEMENT 148
    ASTUCE 149
PAIN D'AGNEAU AUX CÈPES 150
    INGRÉDIENTS 150
    TRAITEMENT 150
    ASTUCE 151
VEAU OXOBUCO A L'ORANGE 152

INGRÉDIENTS 152

TRAITEMENT 152

ASTUCE 153

SAUCISSE AU VIN 154

INGRÉDIENTS 154

TRAITEMENT 154

ASTUCE 154

TARTE À LA VIANDE ANGLAISE 156

INGRÉDIENTS 156

TRAITEMENT 156

ASTUCE 157

RONDE DE VEAU BRAISÉE 158

INGRÉDIENTS 158

TRAITEMENT 158

ASTUCE 159

RENÉ À JÉREZ 160

INGRÉDIENTS 160

TRAITEMENT 160

ASTUCE 161

Ossobuco milanais 162

INGRÉDIENTS 162

TRAITEMENT 162

ASTUCE 163

SECRET IBÉRIQUE AVEC SAUCE CHIMICHURRI MAISON 164

INGRÉDIENTS 164

TRAITEMENT 164

- ASTUCE 164
- VEAU AU THON 166
  - INGRÉDIENTS 166
  - TRAITEMENT 166
  - ASTUCE 167
- QUEUE DE TAUREAU 168
  - INGRÉDIENTS 168
  - TRAITEMENT 168
  - ASTUCE 169
- Brownies 170
  - INGRÉDIENTS 170
  - TRAITEMENT 170
  - ASTUCE 170
- SORBET CITRON A LA MENTHE 171
  - INGRÉDIENTS 171
  - TRAITEMENT 171
  - ASTUCE 171
- RIZ ASTURIEN AU LAIT 172
  - INGRÉDIENTS 172
  - TRAITEMENT 172
  - ASTUCE 172
- COMPOTE DE BANANES AU ROMARIN 173
  - INGRÉDIENTS 173
  - TRAITEMENT 173
  - ASTUCE 173
- CRÈMES BRÛLÉES 174

INGRÉDIENTS	174
TRAITEMENT	174
ASTUCE	174
BRAS DE GYPSY FARCI À LA CRÈME	**175**
INGRÉDIENTS	175
TRAITEMENT	175
ASTUCE	175
FLAN AUX ŒUFS	**176**
INGRÉDIENTS	176
TRAITEMENT	176
ASTUCE	176
GELÉE DE CAVA AUX FRAISES	**177**
INGRÉDIENTS	177
TRAITEMENT	177
ASTUCE	177
FRIT	**178**
INGRÉDIENTS	178
TRAITEMENT	178
ASTUCE	178
COCA DE SAINT JEAN	**179**
INGRÉDIENTS	179
TRAITEMENT	179
ASTUCE	180
TASSE DE COMPOTE DE POIRE AU MASCARPONE	**181**
INGRÉDIENTS	181
TRAITEMENT	181

- ASTUCE 182
- COULANT AU CHOCOLAT 183
  - INGRÉDIENTS 183
  - TRAITEMENT 183
  - ASTUCE 184
- GÂTEAU AUX CAROTTES ET AU FROMAGE 185
  - INGRÉDIENTS 185
  - TRAITEMENT 185
  - ASTUCE 186
- crème catalane 187
  - INGRÉDIENTS 187
  - TRAITEMENT 187
  - ASTUCE 187
- PAIN PERDU 189
  - INGRÉDIENTS 189
  - TRAITEMENT 189
  - ASTUCE 189
- CRÈME PÂTISSIÈRE 190
  - INGRÉDIENTS 190
  - TRAITEMENT 190
  - ASTUCE 190
- Flan aux pêches à la noix de coco 191
  - INGRÉDIENTS 191
  - TRAITEMENT 191
  - ASTUCE 191
- FONDUE CHOCOLAT BLANC ET FRUITS 192

INGRÉDIENTS	192
TRAITEMENT	192
ASTUCE	192
FRUITS ROUGES AU VIN DOUX A LA MENTHE	**192**
INGRÉDIENTS	193
TRAITEMENT	193
ASTUCE	193
INTXAURSALSA (CRÈME DE NOIX)	**194**
INGRÉDIENTS	194
TRAITEMENT	194
ASTUCE	194
LAIT MERENGUÉ	**195**
INGRÉDIENTS	195
TRAITEMENT	195
ASTUCE	195
LANGUES DE CHAT	**196**
INGRÉDIENTS	196
TRAITEMENT	196
ASTUCE	196
BISCUITS À L'ORANGE	**197**
INGRÉDIENTS	197
TRAITEMENT	197
ASTUCE	197
POMMES RÔTIES AU PORTO	**198**
INGRÉDIENTS	198
TRAITEMENT	198

- ASTUCE 198
- MERINGUE CUIT 199
  - INGRÉDIENTS 199
  - TRAITEMENT 199
  - ASTUCE 199
- CRÈME 200
  - INGRÉDIENTS 200
  - TRAITEMENT 200
  - ASTUCE 201
- BONBONS PANNA COTTA VIOLET 202
  - INGRÉDIENTS 202
  - TRAITEMENT 202
  - ASTUCE 202
- BISCUITS AUX AGRUMES 203
  - INGRÉDIENTS 203
  - TRAITEMENT 203
  - ASTUCE 204
- PÂTES DE MANGA 205
  - INGRÉDIENTS 205
  - TRAITEMENT 205
  - ASTUCE 205
- POIRES AU VIN 206
  - INGRÉDIENTS 206
  - TRAITEMENT 206
  - ASTUCE 206
- TARTE ALASKA 207

- INGRÉDIENTS 207
- TRAITEMENT 207
- ASTUCE 208
- PUDDING 209
  - INGRÉDIENTS 209
  - TRAITEMENT 209
  - ASTUCE 209
- CONCASSES DE TOMATES 210
  - INGRÉDIENTS 210
  - TRAITEMENT 210
  - ASTUCE 210
- SAUCE ROBERTO 211
  - INGRÉDIENTS 211
  - TRAITEMENT 211
  - ASTUCE 211
- SAUCE ROSE 212
  - INGRÉDIENTS 212
  - TRAITEMENT 212
  - ASTUCE 212
- SAC À POISSON 213
  - INGRÉDIENTS 213
  - TRAITEMENT 213
  - ASTUCE 213
- SAUCE ALLEMANDE 214
  - INGRÉDIENTS 214
  - TRAITEMENT 214

ASTUCE	214
SAUCE COURAGEUSE	215
INGRÉDIENTS	215
TRAITEMENT	215
ASTUCE	216
BOUILLON FONDANT (POULET OU BOEUF)	217
INGRÉDIENTS	217
TRAITEMENT	217
ASTUCE	218
PICON MOJO	219
INGRÉDIENTS	219
TRAITEMENT	219
ASTUCE	219
SAUCE PESTO	220
INGRÉDIENTS	220
TRAITEMENT	220
ASTUCE	220
SAUCE AIGRE DOUCE	221
INGRÉDIENTS	221
TRAITEMENT	221
ASTUCE	221
MOJITO VERT	222
INGRÉDIENTS	222
TRAITEMENT	222
ASTUCE	222
SAUCE BÉCHAMEL	223

        INGRÉDIENTS 223
        TRAITEMENT 223
        ASTUCE 223
SAUCE DU CHASSEUR 224
        INGRÉDIENTS 224
        TRAITEMENT 224
        ASTUCE 224
SAUCE AÏOLI 225
        INGRÉDIENTS 225
        TRAITEMENT 225
        ASTUCE 225

SALADE D'ANCHOIS ET SARDINES MARINÉES AU PARMESAN

INGRÉDIENTS

100 **g de parmesan**

75 **g d'olives**

75 **g de noix**

10 **sardines marinées**

10 **anchois**

1 **gousse d'ail**

1 **concombre**

1 **oignon nouveau**

½ **endive**

Vinaigre

Huile d'olive

sel

TRAITEMENT

Lavez et désinfectez la scarole. Frotter l'ail coupé en deux sur la surface d'un saladier.

Pelez le concombre et coupez-le en fines lanières. Couper les copeaux de parmesan de la même manière. Ajoutez-le à la scarole. Dénoyautez les olives et coupez-les en quartiers. Couper l'oignon en fines lanières de julienne.

Terminer le montage de la salade avec les noix, les olives, les sardines et les anchois. Assaisonner d'une vinaigrette d'huile, de vinaigre et de sel.

ASTUCE

Les proportions habituelles pour les vinaigrettes sont de 3 parts d'huile pour 1 part de vinaigre plus une pincée de sel.

SALADE DE COURGETTES À LA MENTHE, AUX NOIX ET AU FROMAGE BLEU

INGRÉDIENTS

2 **courgettes**

200 **g de fromage bleu**

100 **g de noix**

8 **feuilles de menthe**

1 **cayenne**

2 **cuillères à soupe de jus de citron**

6 **cuillères à soupe d'huile d'olive extra vierge**

Sel et poivre

TRAITEMENT

Lavez les courgettes et coupez-les en fines lanières à l'aide d'un éplucheur de pommes de terre. Retirez également les fines lamelles de parmesan et de menthe. Couper le fromage et les noix en petits morceaux.

Faire une vinaigrette avec l'huile, le jus de citron, le piment de Cayenne finement haché, le sel et le poivre.

Mélanger tous les ingrédients et assaisonner avec la vinaigrette.

ASTUCE

Les salades doivent être habillées à la dernière minute. Sinon, les ingrédients deviennent détrempés et non croustillants.

SALADE D'AGNEAU AVEC PASTÈQUE, MOZZARELLA ET JAMBON

INGRÉDIENTS

1 sachet de mâche

175 g de billes de mozzarella

100 g de jambon serrano

½ pastèque

½ botte de basilic

3 cuillères à soupe de vinaigre

Huile d'olive

Sel et poivre

TRAITEMENT

Ramassez les boules de pastèque avec un coup de poing. Mettre les canons dans un saladier, déposer dessus les boules de mozzarella et de pastèque. Couper le jambon en lanières et l'ajouter à la salade. Mélangez les ingrédients.

Hacher le basilic dans un peu d'huile. Faire une vinaigrette avec 9 cuillères à soupe d'huile de basilic et 3 de vinaigre.

Assaisonnez la salade et assaisonnez avec du sel et du poivre.

ASTUCE

Un apéritif très original et rafraîchissant consiste à plonger les boules de pastèque pendant 24 heures dans la boisson de votre choix (sangria, mojito, etc.).

SALADE DE CHOU

INGRÉDIENTS

½ **chou blanc**

4 **cuillères à soupe de crème**

2 **cuillères à soupe de mayonnaise**

1 **cuillère à soupe de moutarde**

1 **cuillère à café de vinaigre**

½ **petit oignon nouveau**

2 **carottes**

1 **pomme**

sel

TRAITEMENT

Couper le chou, les carottes, la ciboule et la pomme en très fines lanières.

Mélanger la crème, la mayonnaise, la moutarde et le vinaigre dans un bol avec une tige.

Assaisonner la salade avec la sauce, saler au goût et bien mélanger.

ASTUCE

Laisser reposer au moins 2 heures au réfrigérateur et éliminer tout liquide qui pourrait s'échapper.

SALADE DE CHOU AVEC MAYONNAISE DE BETTERAVES

INGRÉDIENTS

175 g de chou

175 g de chou rouge

75 g de mayonnaise

1 grosse carotte

2 gros oignons nouveaux

1 pomme

½ betterave cuite

Sel et poivre

TRAITEMENT

Pelez le chou et le chou blanc et coupez-les en très fines lanières.

Épluchez et coupez en julienne la carotte et les oignons nouveaux. Pelez, épépinez et râpez la pomme.

Mixer la betterave avec la mayonnaise. Mélanger le tout dans un bol et assaisonner.

ASTUCE

Laisser reposer au moins 2 heures au réfrigérateur et éliminer tout liquide qui pourrait s'échapper.

SALADE DE PERCÉS MARINÉS

INGRÉDIENTS

4 perdrix

2 verres de vin blanc

1 laitue romaine

1 gousse d'ail

1 feuille de laurier

1 carotte

1 poireau

Farine

1 verre de vinaigre

Huile d'olive

Sel et poivre en grains

TRAITEMENT

Fariner, assaisonner et faire dorer les perdrix dans une casserole. Sortir et réserver.

Faire revenir la carotte et le poireau coupés en bâtonnets et l'ail émincé dans la même huile. Lorsque les légumes sont tendres, ajouter 1 verre d'huile, le vinaigre et le vin. Ajouter la feuille de laurier et le poivre, assaisonner de sel et cuire 5 minutes.

Ajouter les perdrix et cuire encore 35 minutes à feu doux ou jusqu'à ce qu'elles soient tendres. Laisser reposer couvert par le feu.

Nettoyez et désinfectez la laitue. Coupez-le en fines lanières et ajoutez les perdrix désossées. Assaisonner avec le cornichon.

ASTUCE
Le marinage est un excellent moyen de conserver les aliments.

SALADE D'ENDIVES AU CABILLAUD, THON ET ANCHOIS

INGRÉDIENTS

1 **endive**

350 **g de cabillaud dessalé**

25 **g de noisettes grillées**

1 **petite boîte d'olives noires dénoyautées**

1 **boîte de thon à l'huile**

1 **boîte d'anchois**

2 **gousses d'ail**

6 **cuillères à soupe d'huile d'olive**

2 **cuillères à soupe de vinaigre**

sel

TRAITEMENT

Nettoyer et désinfecter l'endive. Coupez-le en morceaux moyens et gardez-le de côté.

Cuire le cabillaud 2 minutes, le retirer et l'émietter.

Coupez l'ail en petits morceaux et faites-le dorer légèrement dans l'huile. Ajouter le vinaigre hors du feu.

Mettre la scarole, les olives, la morue émiettée, le thon et les anchois dans un saladier. Assaisonnez avec l'huile avec l'ail et assaisonnez avec du sel.

Ajouter les noisettes hachées sur le dessus.

ASTUCE

Vous pouvez également ajouter quelques graines de grenade. Il donnera à la salade une touche aigre-douce à la fois.

SALADE D'ENDIVES AUX CHAMPIGNONS, CREVETTES ET MANGUE

INGRÉDIENTS

½ **endive**

150 **g de champignons en filets et nettoyés**

150 **g de fromage de Burgos**

16 **crevettes cuites et décortiquées**

1 **mangue mûre**

1 **cuillère à soupe de moutarde**

12 **cuillères à soupe d'huile d'olive**

3 **cuillères à soupe de vinaigre**

Sel et poivre

TRAITEMENT

Lavez et désinfectez la scarole et coupez-la en morceaux moyens.

Pelez et coupez la mangue en cubes moyens. Couper le fromage en cubes de même taille.

Servir la salade avec des endives, du fromage, de la mangue, des champignons et des crevettes nettoyées et en filets.

Fouetter l'huile, le vinaigre, la moutarde, le sel et le poivre et assaisonner la salade avec cette vinaigrette.

ASTUCE

Pour rendre l'endive plus croustillante, gardez-la dans de l'eau glacée pendant 5 minutes après l'avoir lavée.

SALADE D'AGNEAU AUX FRUITS, CREVETTES ET VINAIGRETTE AU MIEL ET À LA MOUTARDE

INGRÉDIENTS

1 **sachet de mâche**

150 **g de fromage bleu**

75 **g de noix**

12 **crevettes cuites et décortiquées**

2 **cuillères à soupe de moutarde**

1 **cuillère à soupe de miel**

8 **fraises**

2 **kiwis**

½ **mangue**

12 **cuillères à soupe d'huile d'olive**

3 **cuillères à soupe de vinaigre**

Sel et poivre

TRAITEMENT

Couper tous les fruits en cubes réguliers et conserver au réfrigérateur. Préparez la vinaigrette en fouettant l'huile, le vinaigre, la moutarde, le miel, le sel et le poivre dans un bol.

Plaque une assiette de droits d'auteur. Mettez les fruits dessus et terminez par les crevettes. Sauce avec vinaigrette.

ASTUCE

Les salades doivent être habillées à la dernière minute. Sinon, les ingrédients deviennent détrempés et non croustillants.

SALADE D'ENDIVES À LA GRENADE ET AU THON

INGRÉDIENTS

1 endive

150 g de thon en conserve

1 petite tomate râpée

1 gousse d'ail

1 grenade

6 cuillères à soupe d'huile d'olive

2 cuillères à soupe de vinaigre

Sel et poivre

TRAITEMENT

Coupez l'ail en deux et frottez le saladier jusqu'à ce qu'il soit bien imbibé.

Couper l'endive, décortiquer la grenade et ajouter la tomate râpée et le thon.

Faire une vinaigrette avec de l'huile, du vinaigre, du sel et du poivre. Napper la scarole et bien mélanger pour que les saveurs s'imprègnent.

ASTUCE

Une autre option consiste à couper l'ail en petits morceaux et à le faire légèrement dorer dans l'huile. Ensuite, la salade est assaisonnée avec cette vinaigrette chaude.

SALADE DE CŒURS AU THON ET NOIX DE CAJOU

INGRÉDIENTS

4 gemmes

150 g de conserve de thon à l'huile

100 g de noix de cajou grillées

1 cuillère à café de paprika doux

2 gousses d'ail

tomates cerises colorées

olives noires

12 cuillères à soupe d'huile

4 cuillères à soupe de vinaigre

sel

TRAITEMENT

Nettoyez les bourgeons, coupez-les en quartiers et mettez-les dans un plat de service.

Hacher finement l'ail et le faire dorer dans une poêle avec l'huile. Ajouter les noix de cajou, le paprika et le vinaigre.

Ajouter le thon, les olives et les tomates aux cœurs et assaisonner avec la vinaigrette chaude.

ASTUCE

Faire revenir le paprika pendant seulement 5 secondes avant d'ajouter le vinaigre; s'il est trop frit, il brûlera et la vinaigrette aura un goût amer.

SALADE D'ÉPINARDS AUX CHAMPIGNONS, BACON ET PARMESAN

INGRÉDIENTS

1 sachet d'épinards frais

100 g de lard

50 g de champignons frais

30 g de parmesan râpé

2 cuillères à soupe de moutarde

1 cuillère à soupe de jus de citron

9 cuillères à soupe d'huile d'olive

Sel et poivre

TRAITEMENT

Couper le lard en lanières et le faire dorer dans une poêle sans huile.

Mettez les épinards, les champignons nettoyés et émincés, le parmesan et la pancetta dans un saladier.

Mélanger l'huile, la moutarde, le jus de citron, le sel et le poivre et assaisonner la salade avec cette vinaigrette. Retirer.

ASTUCE

Vous pouvez également ajouter des noix et des amandes hachées à la salade.

SALADE D'ÉPINARDS À LA VINAIGRETTE DE POIRE, FROMAGE BLEU ET MOUTARDE

INGRÉDIENTS

2 **poires**

150 **g de fromage bleu**

100 **g d'épinards**

75 **g de noix**

½ **oignon nouveau**

1 **cuillère à soupe de moutarde de Dijon**

1 **cuillère à soupe de jus de citron**

1 **cuillère à soupe de vinaigre**

9 **cuillères à soupe d'huile d'olive**

Sel et poivre

TRAITEMENT

Pelez et coupez les poires en deux, puis coupez-les en fines tranches. Emincer également finement l'oignon et couper le fromage en cubes.

Mélanger l'huile, le vinaigre, la moutarde, le jus de citron, le sel et le poivre.

Assemblez la salade avec les épinards, les poires, la ciboule et le fromage. Napper avec la vinaigrette et ajouter les noix hachées sur le dessus.

ASTUCE

Vous pouvez utiliser des noix, des fruits et du fromage que nous aimons le plus.

SALADE DE POIS CHICHES À LA MORUE ET AU BASILIC ALIOLI

INGRÉDIENTS

500 g de pois chiches cuits

500 g de cabillaud dessalé

250ml de lait

1 cuillère à café de paprika

2 gousses d'ail

1 oignon nouveau

1 poivron vert

8 feuilles de basilic

Sauce Alioli (voir section Bouillons et sauces)

TRAITEMENT

Faire cuire la morue dans le lait pendant 2 minutes. Retirer du four, sécher et émietter.

Couper l'oignon, l'ail et le poivron en petits morceaux. Faire bouillir les légumes 15 minutes à feu doux avec un filet d'huile puis ajouter le paprika. Mélanger les pois chiches avec la sauce et assaisonner de sel.

Mélanger les feuilles de basilic avec l'aïoli jusqu'à obtenir une sauce onctueuse.

Dressez les pois chiches sur une assiette, placez la morue dessus et arrosez avec 1 cuillère à soupe d'aïoli au basilic.

ASTUCE

Cela peut être fait avec de la morue fumée. Le résultat est exquis.

SALADE DE LÉGUMES RÔTIS AU FROMAGE FUMÉ MORUE

INGRÉDIENTS

150 g de cabillaud fumé

10 olives noires

4 poivrons rouges

3 gousses d'ail

2 aubergines

1 oignon nouveau

Vinaigre

150 ml d'huile d'olive

sel

TRAITEMENT

Nettoyez les légumes, graissez-les avec de l'huile et faites-les cuire avec l'ail enveloppé dans du papier d'aluminium à 160°C pendant 1 heure. Égouttez et couvrez les poivrons pour les faire suer.

Pelez les aubergines et les poivrons et coupez-les en lanières. Couper également l'oignon en julienne.

Mélanger l'ail et les olives avec l'huile.

Dresser les légumes sur une assiette, saler, ajouter la morue et l'huile d'olive et assaisonner avec un peu de vinaigre.

ASTUCE

Faire suer les poivrons, c'est les recouvrir immédiatement après cuisson d'un torchon ou d'un film alimentaire ou d'une feuille d'aluminium. Ainsi, l'évaporation rend l'élimination de la peau beaucoup plus facile.

SALADE DE LAITUE ASSORTIE AU FROMAGE DE CHÈVRE ET VINAIGRETTE AUX NOIX

INGRÉDIENTS

1 **sac de laitue mélangée**

100 **g de lard**

50 **g de noix**

50 **g d'amandes**

50 **g de noisettes**

2 **cuillères de miel**

4 **tranches de fromage de chèvre**

15 **tomates cerises**

8 **tomates séchées à l'huile**

1 **oignon nouveau**

125 **ml d'huile d'olive vierge**

45 **ml de vinaigre de Modène**

TRAITEMENT

Faire dorer les noix dans l'huile. Ajouter le vinaigre de Modène et les cuillerées de miel. Hacher, mais laisser des morceaux entiers.

Faire revenir les tranches de fromage des deux côtés dans une poêle bien chaude. Sortir et réserver. Dans la même poêle, dorer la pancetta coupée en lanières.

Couper l'oignon en julienne.

Assemblez la salade avec la laitue mélangée, les tomates cerises hachées, le bacon, la ciboule et le fromage. Assaisonner au goût avec la vinaigrette aux fruits secs.

ASTUCE

Vous pouvez ajouter quelques copeaux de parmesan et des cubes de pain frit.

SALADE DE LÉGUMES

INGRÉDIENTS

700 **g de légumineuses cuites (pois chiches, haricots blancs, etc.)**

1 **petit oignon**

½ **poivron rouge**

½ **poivron vert**

1 **grosse tomate**

3 **boîtes de thon en conserve**

12 **cuillères à soupe d'huile d'olive**

4 **cuillères à soupe de vinaigre**

sel

TRAITEMENT

Couper la tomate, les poivrons et l'oignon en très petits morceaux. Mélanger avec le thon et les légumes égouttés et lavés, assaisonner avec l'huile, le vinaigre et le sel.

ASTUCE

Idéal pour manger des légumineuses en été et pour mieux les faire manger aux plus petits.

SALADE DE LENTILLES ET CREVETTES

INGRÉDIENTS

250 **g de lentilles cuites**

12 **crevettes cuites**

2 **cuillères à soupe de moutarde**

3 **brins de ciboulette**

1 **grosse tomate**

1 **oignon nouveau**

6 **cuillères à soupe d'huile d'olive**

½ **cuillère à soupe de vinaigre**

Sel et poivre

TRAITEMENT

Pelez la tomate et coupez-la en petits morceaux. Coupez également la ciboule en petits morceaux et ciselez finement la ciboulette.

Mélanger l'oignon, la tomate, la ciboulette et les lentilles cuites dans un bol.

Fouetter l'huile avec la moutarde, le vinaigre et le poivre.

Assaisonner la salade avec la vinaigrette, mélanger et assaisonner de sel. Servir avec les crevettes décortiquées sur le dessus.

ASTUCE

Il est préférable de le préparer la veille pour que la salade ait plus de saveur.

SALADE DE POIVRONS AU FROMAGE ET JAMBON

INGRÉDIENTS

250 g de jambon cuit

150 g de fromage Manchego

250 ml de mayonnaise

2 poivrons verts

2 poivrons rouges

2 tomates

½ laitue

Huile d'olive

sel

TRAITEMENT

Couper les poivrons en fines lanières et couper le jambon et le fromage en dés.

Faire revenir les poivrons dans une poêle très chaude pendant 5 minutes. Réserve.

Nettoyez et désinfectez la laitue et coupez-la en fines lanières. Déposez-le au fond d'un saladier, puis disposez les tranches de tomates sur les poivrons, le jambon et le fromage. Sauce à la mayonnaise.

ASTUCE

Pour obtenir une sauce originale, mélangez 1 cuillère à soupe de curry avec de la mayonnaise.

SALADE D'ASPERGES VERTES AU JAMBON SERRANO

INGRÉDIENTS

1 **botte d'asperges vertes**

1 **cuillère à soupe de miel**

4 **tranches de jambon serrano**

2 **poivrons verts italiens**

2 **oignons nouveaux**

1 **laitue feuille de chêne**

raisins secs

11 **cuillères à soupe d'huile d'olive**

3 **cuillères à soupe de vinaigre de Modène**

Sel et poivre

TRAITEMENT

Nettoyez, désinfectez et coupez la laitue en morceaux moyens. Réserve.

Couper les asperges en fines lanières avec un éplucheur de pommes de terre. Faites-les revenir 30 secondes dans une poêle très chaude avec 2 cuillères à soupe d'huile. Assaisonner de sel et réserver de côté.

Hachez finement les poivrons et les oignons nouveaux. Coupez le jambon serrano en lanières et faites-le dorer. Faire une vinaigrette avec le reste d'huile, le vinaigre, le miel, le sel et le poivre.

Dresser la laitue sur une assiette, disposer les poivrons et les oignons nouveaux dessus. Ajouter les asperges chaudes, le jambon serrano, une poignée de raisins secs et assaisonner avec la vinaigrette.

ASTUCE

Pour que la laitue soit plus lisse et plus croquante, placez-la dans de l'eau glacée jusqu'à ce qu'elle soit prête à servir dans l'assiette.

SALADE DE PÂTES

INGRÉDIENTS

Spirales de 200 g

300 g de fromage Manchego

300 g de jambon d'York

50 g d'olives vertes dénoyautées

4 boîtes de thon en conserve

1 boîte de piments piquillos

10 anchois

3 œufs durs

2 carottes

2 tomates

1 oignon nouveau

Sauce rosée (voir section Bouillons et sauces)

TRAITEMENT

Faire cuire les pâtes dans une grande quantité d'eau salée. Égoutter, rafraîchir et réserver au frais.

Râpez les carottes. Hacher finement l'oignon de printemps et les tomates. Coupez les piments piquillos, les œufs et les anchois en petits morceaux et coupez le fromage Manchego et le jambon York en dés.

Mélanger les pâtes avec tous les ingrédients et assaisonner avec la sauce rose.

ASTUCE

Vous pouvez également ajouter du basilic haché, du maïs doux et 1 cuillère à café de paprika.

SALADE DE POMMES DE TERRE AUX ANCHOIS, FROMAGE BLEU ET FRUITS À COQUE

INGRÉDIENTS

4 **grosses pommes de terre**

25 **g de fromage bleu**

4 **cuillères à soupe de mayonnaise**

15 **anchois**

3 **œufs durs**

1 **tomate**

Des noisettes

Lait

Huile d'olive

de gros sel

TRAITEMENT

Épluchez et coupez les pommes de terre en tranches épaisses et faites-les cuire à l'eau froide à feu doux en évitant de les casser. Égoutter et refroidir.

Pelez la tomate et coupez-la en tranches fines. Mélanger le fromage avec la mayonnaise et un peu de lait.

Servir les pommes de terre avec un peu de gros sel et d'huile. Disposer les tranches de tomates et les anchois dessus. Enfin, arrosez de sauce au fromage et décorez d'une poignée de noix hachées.

ASTUCE

Une autre version consiste à ajouter quelques lanières de poivron rouge rôti à la salade avec 1 ail finement haché.

SALADE DE POIVRONS RÔTIS AU THON ET OIGNONS

INGRÉDIENTS

4 **gros poivrons rouges**

3 **boîtes de thon en conserve**

2 **gousses d'ail**

2 **oignons nouveaux**

Vinaigre

Huile d'olive

sel

TRAITEMENT

Appuyez sur la tige des poivrons vers l'intérieur et retirez les graines. Versez un peu d'huile sur une poêle et mettez les poivrons également graissés d'huile. Cuire au four à 160°C pendant 90 minutes et retourner à mi-cuisson.

Pendant ce temps, coupez très finement les oignons nouveaux et l'ail en petits morceaux.

Une fois les poivrons grillés, couvrez-les pendant 40 minutes d'un film plastique pour qu'ils transpirent.

Couper les poivrons en lanières, ajouter la ciboule, l'ail et le thon. Assaisonnez avec de l'huile, du vinaigre et du sel, et utilisez le bouillon résultant de la cuisson pour assaisonner la salade.

ASTUCE

Les peaux des poivrons peuvent être frites à feu moyen et obtenir des cristaux croquants parfaits pour la décoration.

SALADE GRECQUE

INGRÉDIENTS

500 g de fromage feta

1 cuillère à soupe d'origan

5 concombres

2 grosses tomates

Olives noires avec os

Huile d'olive

sel

TRAITEMENT

Pelez et coupez les concombres en cubes moyens. Hacher la feta et les tomates de la même taille.

Mélanger les concombres, le fromage, les tomates, les olives noires et l'origan dans un saladier. Assaisonner d'huile d'olive et de sel.

ASTUCE

Vous pouvez ajouter un peu de vinaigre. Si les tomates sont pelées avant la coupe, la texture finale est très agréable.

SALADE DE MALAGA

INGRÉDIENTS

1 kg de pommes de terre

150 g de thon en conserve (ou morue fumée)

50 g d'olives noires

1 cuillère à soupe de vinaigre de Xérès

2 oranges

2 oeufs

1 oignon nouveau

3 cuillères à soupe d'huile d'olive

sel

TRAITEMENT

Julienne l'oignon. Coupez les pommes de terre en morceaux moyens et faites-les cuire jusqu'à ce qu'elles soient tendres. Cuire également les œufs 10 min. Refroidir et peler.

Retirez les segments de l'orange et nettoyez la peau blanchâtre.

Assemblez la salade avec les pommes de terre bouillies, les œufs émincés, la ciboule, les olives noires entières, le thon fumé ou la morue et les quartiers d'orange. Assaisonner d'une vinaigrette d'huile, de vinaigre et d'une pincée de sel et mélanger.

ASTUCE

Vous pouvez également ajouter quelques feuilles de menthe.

SALADE MIMOSA

INGRÉDIENTS

1 **grosse laitue romaine**

250 **g de raisins**

¼ **de litre de crème**

3 **bananes moyennes**

3 **grosses oranges**

1 **œuf à la coque**

jus de ¼ citron

Sel et poivre

TRAITEMENT

Nettoyez la laitue et coupez-la en gros morceaux. Pelez et coupez les bananes en rondelles. Pelez les oranges, coupez-les en quartiers et retirez le film blanc qui les recouvre.

Assemblez la salade avec la laitue, les fruits et l'œuf haché sur le dessus.

Assaisonnez avec une sauce à base de crème, du jus de citron, du sel et du poivre.

ASTUCE

Pour éviter que la banane ne noircisse, arrosez-la de jus de citron au moment de la couper.

SALADE NICOISE

INGRÉDIENTS

500 g de pommes de terre

500 g de tomates

250 g de haricots verts

120 g d'olives noires

1 cuillère à soupe de moutarde

15 anchois

10 cuillères à soupe d'huile d'olive

3 cuillères à soupe de vinaigre

Sel et sucre

TRAITEMENT

Épluchez et coupez les pommes de terre en tranches de même taille et faites-les cuire à feu moyen, en évitant de les casser, jusqu'à ce qu'elles soient tendres.

Coupez les extrémités et les bords des haricots. Coupez-les en morceaux uniformes et faites-les cuire dans une grande quantité d'eau bouillante jusqu'à ce qu'ils soient tendres. Rafraîchir avec de l'eau froide ou de la glace.

Mettez les pommes de terre, les tomates coupées en 8, les haricots dans un saladier et disposez les olives et les anchois dessus.

Faire une vinaigrette en mélangeant l'huile avec le vinaigre, la moutarde, le sel et une pincée de sucre. Sauce dessus

ASTUCE

Vous pouvez remplacer les anchois par de bonnes sardines en conserve.

SALADE DE POULET AUX FRUITS ET VINAIGRETTE AU CIDRE

INGRÉDIENTS

1 **blanc de poulet**

80 **g de fromage bleu**

4 **cuillères à soupe de cidre naturel**

10 **prunes**

3 **pommes à pin**

3 **oranges**

1 **laitue lollo rosso**

12 **cuillères à soupe d'huile d'olive**

1 **cuillère à soupe de vinaigre**

Sel et poivre

TRAITEMENT

Nettoyez, désinfectez et coupez la laitue en morceaux moyens et conservez-la dans de l'eau glacée.

Cuire le blanc de poulet pendant 15 min. Retirer du four, laisser refroidir et couper en lanières.

Pelez les oranges et retirez les quartiers en évitant la peau qui les recouvre. Pelez et coupez les pommes en bâtonnets.

Faire une vinaigrette avec de l'huile, du vinaigre, du cidre, du sel et du poivre.

Dresser la laitue sur une assiette, disposer les pommes, le poulet et les oranges dessus, puis émietter le gorgonzola et ajouter les pruneaux. Sauce avec vinaigrette.

ASTUCE

Si vous ajoutez des calamars sautés, vous obtenez une salade complète qui peut être consommée en un seul plat.

SALADE DE POULPE, CREVETTES ET AVOCAT

INGRÉDIENTS

1 **patte de poulpe**

12 **crevettes cuites et décortiquées**

1 **avocat mûr**

1 **tomate**

½ **oignon nouveau**

1 **citron**

coriandre frais

Huile d'olive vierge extra

sel

TRAITEMENT

Faire bouillir l'eau salée dans une casserole. Effrayez la patte de poulpe 3 fois puis immergez-la complètement. Baisser le feu et cuire environ 40-45 minutes. Rincer à l'eau froide, égoutter et sécher. Couper la cuisse en tranches et assaisonner de sel et de poivre.

Pelez l'avocat, retirez l'os et coupez-le en gros cubes. Couper l'oignon en très fines lanières de julienne. Retirez les pépins de la tomate et coupez-la en cubes. Coupez les crevettes en deux et hachez-les finement avec une poignée de coriandre.

Mélanger tous les ingrédients et assaisonner avec du jus de citron, du sel et de l'huile d'olive au goût.

ASTUCE

Effrayer la pieuvre, c'est la tremper 3 fois dans de l'eau bouillante pour la rendre tendre.

ROQUETTE AVEC SAUCE FUMEE, ROSE ET NOIX

INGRÉDIENTS

150 g de roquette nettoyée

125 g de truite fumée

100 g de cabillaud fumé

100 g de saumon fumé

75 g de sauce rosée (voir rubrique Bouillons et Sauces)

25 g d'anchois

20 g de noix concassées

1 œuf à la coque

TRAITEMENT

Couper tous les ingrédients en fines lanières. Mélanger avec la roquette, les noix concassées et la sauce rose. Servir et décorer avec l'œuf dur haché.

ASTUCE

Vous pouvez utiliser les laitues ou pousses que vous préférez, comme la mâche, la laitue romaine, la feuille de chêne, etc.

SALADE DE PÂTES À LA FETA ET À LA MENTHE

INGRÉDIENTS

500 **g de pâtes**

250 **g de feta**

½ **bouquet de menthe fraîche**

3 **tomates mûres**

Parmesan

olives noires dénoyautées

Réduction du vinaigre de Modène

Huile d'olive

TRAITEMENT

Faites cuire les pâtes dans une grande quantité d'eau bouillante salée et quand elles sont prêtes, égouttez-les et laissez-les refroidir.

Coupez la menthe en julienne, râpez les tomates cerises avec le parmesan et coupez la feta en cubes.

Mélanger les pâtes avec tous les ingrédients, assaisonner avec de l'huile et une réduction de vinaigre balsamique.

ASTUCE

Si désiré, ajouter des tomates italiennes séchées au soleil hydratées.

SALADE DE CREVETTES, ANCHOIS ET GRENADE

INGRÉDIENTS

500 g de pommes de terre

250 g de crevettes décortiquées

200 g de carottes

1 boîte de petits pois cuits

1 boîte de piments piquillos

10 olives vertes dénoyautées

10 anchois

4 concombres marinés

2 œufs durs

1 grenade

Mayonnaise

TRAITEMENT

Épluchez et coupez les pommes de terre et les carottes en cubes et faites-les cuire dans une grande quantité d'eau salée jusqu'à ce qu'elles soient tendres.

Cuire les crevettes 1 minute, égoutter et refroidir. Décortiquez la grenade.

Hacher finement les anchois, les crevettes, les olives, les œufs, les cornichons et les piments piquillos. Mélanger avec le reste des ingrédients et assaisonner de sel. Sauce avec de la mayonnaise au goût, mélanger et garder au froid jusqu'au moment de servir.

ASTUCE

Il peut être garni de mayonnaise hachée avec 1 cuillère à soupe de cumin moulu.

ROQUETTE AVEC Pancetta, Fromage Bleu ET NOIX

INGRÉDIENTS

1 **sachet de roquette fraîche**

150 **g de fromage bleu**

75 **g de noix**

8 **tranches de bacon fumé**

figues

Vinaigre

Huile d'olive

sel

TRAITEMENT

Coupez le bacon en fines lanières et faites-le dorer dans une poêle. Sortir et réserver. Coupez les figues en deux et faites-les dorer (côté chair uniquement) dans la même poêle.

Couper le fromage et les noix en dés.

Assembler la salade avec la roquette, les lardons, les figues tièdes et les noix et assaisonner d'une vinaigrette d'huile, de vinaigre et de sel.

ASTUCE

Vous pouvez essayer les différents types de vinaigres disponibles dans le commerce.

SALADE DE SAUMON FUMÉ, CREVETTES, POMMES DE TERRE ET GRENADE

INGRÉDIENTS

350 g de saumon fumé

250 g de pommes de terre

200 g de crevettes décortiquées

100 g de parmesan

1 grenade

½ endive

100ml d'huile d'olive

TRAITEMENT

Cuire les pommes de terre pendant 20 minutes ou jusqu'à ce qu'elles soient tendres. Peler, trancher et réserver.

Coupez la grenade en deux et retirez les graines. Égoutter les copeaux de parmesan à l'aide d'un éplucheur de pommes de terre.

Faire cuire les crevettes dans de l'eau bouillante salée pendant 1 min. Sortir et refroidir.

Lavez et désinfectez la scarole et coupez-la en morceaux moyens.

Assemblez la salade avec la base de scarole, sur les pommes de terre, le saumon, les crevettes, la grenade et le fromage.

Assaisonnez avec de l'huile, du vinaigre, du sel et du poivre.

ASTUCE

Pour faciliter le décorticage de la grenade, coupez-la en deux horizontalement, placez la partie coupée sur le dessus de votre main et frappez l'extérieur à l'aide d'une cuillère.

SALADE DE CAROTTES AVEC SARDINES EN CONSERVE

INGRÉDIENTS

150 g de sardines en conserve

1 cuillère à soupe de coriandre fraîche hachée

4 carottes

Jus de 1 citron

Huile d'olive

Sel et poivre

TRAITEMENT

Pelez les carottes et coupez-les en fines tranches. Mettez-les dans un bol avec le jus de citron, l'huile, le sel, le poivre et la coriandre. Retirer.

Assaisonner les sardines avec la salade de carottes.

ASTUCE

Cette salade est excellente en remplaçant le jus de citron par du jus d'orange.

SALADE WALDORF

INGRÉDIENTS

200 **g de céleri**

80 **ml de crème**

2 **cuillères à soupe de noix décortiquées**

2 **cuillères à soupe de mayonnaise**

1 **cuillère à soupe de miel**

1 **pomme**

1 **poire**

1 **citron**

Le zeste du zeste de ½ citron

Persil

TRAITEMENT

Mélanger le miel, le zeste de citron, la crème et la mayonnaise dans un bol. Retirer du four et laisser refroidir.

Éplucher, éplucher et hacher finement le céleri. Arrosez de jus de citron.

Lavez la pomme et la poire et coupez-les en fines tranches. Mélanger les fruits de céleri avec le citron pour les empêcher de noircir.

Hachez les noix et le persil et ajoutez-les aux fruits et au céleri. Arroser de vinaigrette au miel.

ASTUCE

Vous pouvez également ajouter un peu d'aneth frais.

SALADE DE POMMES DE TERRE AUX CREVETTES ET GRENADE

INGRÉDIENTS

500 g de pommes de terre

300 g de crevettes décortiquées

3 piments piquillos

1 grenade

2 dl de mayonnaise

sel

TRAITEMENT

Pelez et coupez les pommes de terre en petits morceaux. Cuire, rafraîchir et laisser refroidir.

Cuire les crevettes à l'eau bouillante pendant 1 min. Retirer du four et laisser refroidir

Couper le piment piquillo en lamelles et décortiquer la grenade.

Mélangez le tout, le sel et la sauce avec la mayonnaise. Remuez à nouveau et réservez au frais jusqu'au moment de servir.

ASTUCE

Pour donner une touche de fraîcheur à la salade, vous pouvez ajouter des feuilles de menthe hachées à la mayonnaise.

SALADE CÉSAR

INGRÉDIENTS

2 **filets de poulet**

100**g de mayonnaise**

70 **g de parmesan râpé**

4 **anchois**

1 **gousse d'ail**

1 **laitue romaine**

Pain

Oeuf et chapelure (pour enrober)

Huile d'olive

Bacon

TRAITEMENT

Mélangez et mixez la mayonnaise, le parmesan râpé, les anchois et la gousse d'ail. Conserver au réfrigérateur (le poids de la sauce peut varier selon les goûts).

Enrober les filets de poulet d'œuf battu et de chapelure. Frire, couper en lanières et réserver. Couper le pain en petits carrés et faire frire ou cuire jusqu'à ce qu'il soit doré. Réserve. Faire dorer le bacon coupé en lanières. Réserve.

Placer la laitue en julienne au fond d'un bol et disposer les lanières de poulet, les croûtons, la sauce, le fromage râpé et le bacon dessus.

ASTUCE

Vous pouvez lui donner une touche sucrée en y ajoutant des dattes ou des pommes.

PIPIRRANA MURCIANO

INGRÉDIENTS

2 **tomates**

2 **gousses d'ail**

3 **cuillères à soupe de vinaigre**

1 **gros poivron vert italien**

1 **oignon**

1 **concombre**

9 **cuillères à soupe d'huile d'olive**

sel

TRAITEMENT

Lavez les tomates, le poivron et épluchez le concombre, l'ail et l'oignon. Coupez le tout en morceaux moyens de même taille.

Préparez une vinaigrette en mélangeant l'huile, le vinaigre et le sel. Assaisonner la salade avec la vinaigrette et mélanger. Servir très frais.

ASTUCE

Si l'oignon est très irritant, coupez-le et placez-le dans de l'eau glacée pendant 2 heures. Vous perdrez la démangeaison.

ROQUETTE À LA MANGUE, POULET ET PISTACHES

INGRÉDIENTS

250 **g de roquette nettoyée**

30 **g de pistaches**

4 **asperges vertes**

2 **poitrines de poulet**

2 **mangues**

Vinaigre

Huile d'olive

Sel et poivre

TRAITEMENT

Prélevez les fines lanières d'asperges à l'aide d'un éplucheur de pommes de terre. Faites cuire les magrets 5 minutes, laissez-les refroidir et coupez-les en lanières. Pelez et coupez en dés la mangue et faites revenir légèrement les asperges.

Mélanger la roquette, la mangue, les lanières de poulet et celles des asperges et pistaches pelées.

Sauce avec une vinaigrette d'huile, vinaigre, sel et poivre.

ASTUCE

Les proportions de vinaigrettes sont généralement de 3 parties d'huile pour 1 vinaigre, sel et poivre.

SOUPE JULIANNE

INGRÉDIENTS

250 **g de chou**

250 **g de poireaux**

100 **g de carottes**

75 **g de navet**

50 **g de beurre**

1 ½ **litre de bouillon blanc de poulet**

1 **branche de céleri**

sel

TRAITEMENT

Pelez, coupez les légumes en julienne et faites-les revenir lentement dans le beurre, dans un récipient couvert, pendant 20 minutes.

Verser le bouillon, cuire encore 5 minutes et saler au goût.

ASTUCE

Ajouter du pain grillé pour accompagner et un peu de pesto.

AIL MALAGUENO BLANC

INGRÉDIENTS

250 g de chapelure (trempée dans de l'eau froide)

100 g d'amandes crues

3 gousses d'ail

Vinaigre

2 dl d'huile d'olive

sel

TRAITEMENT

Broyez très bien les amandes avec un peu d'eau froide. Ajouter le pain trempé et bien mélanger à nouveau. Ajouter l'huile sans cesser de battre.

Versez environ 1 litre et demi d'eau jusqu'à obtenir la consistance désirée. Passer au tamis ou au chinois et assaisonner avec le vinaigre et le sel.

ASTUCE

Les amandes peuvent être remplacées par n'importe quel autre fruit sec. Accompagner de lanières de saumon fumé et de raisins.

CRÈME DE POIVRONS ROUGES RÔTIS

INGRÉDIENTS

1 kg de poivrons rouges

1 litre de bouillon de poulet

200 ml de crème

4 gousses d'ail

2 grosses pommes de terre

2 poireaux

Huile d'olive

Sel et poivre

TRAITEMENT

Badigeonner les poivrons d'huile et envelopper l'ail dans du papier d'aluminium. Rôtir à 160 °C pendant 1 heure. Faites-les suer et peler.

Eplucher, hacher et faire sauter les poireaux lentement, à couvert, pendant 20 min. Ajouter les poivrons et l'ail.

Ajouter les pommes de terre épluchées et coupées en quartiers. Mouiller avec le bouillon et cuire à feu doux pendant 30 min. Verser la crème et cuire encore 5 minutes. Mixer, filtrer et assaisonner de sel et de poivre.

ASTUCE

Faire suer un poivron signifie le recouvrir d'un chiffon, d'un film alimentaire, d'une pellicule plastique, etc., afin que la vapeur qu'il génère permette à la peau de se décoller facilement et donc de mieux la peler.

BISKET DE CRABE

INGRÉDIENTS

500 **g de tomates mûres**

500 **g de crevettes**

100 **g de beurre**

100 **g d'oignons**

100 **g de carottes**

100 **g de poireaux**

75 **g de riz**

1 **litre de bouillon de poisson**

2 **dl de vin blanc**

1 **dl de cognac**

1 **cuillère à café de paprika fort**

1 **brin de thym**

Sel et poivre

TRAITEMENT

Faire revenir les légumes hachés dans du beurre. Ajouter le paprika et faire dorer.

En accompagnement, faire revenir les crabes et les flamber au cognac. Réserver les queues et broyer les carcasses avec de la fumée. Filtrez 2 ou 3 fois jusqu'à ce que la coquille reste.

Ajouter la fumée, le vin, les tomates en quartiers et le thym à la cocotte de légumes. Ajouter le riz, cuire 40 minutes et mixer.

ASTUCE

Les crabes peuvent être remplacés par n'importe quel crustacé, tant qu'il n'a pas de carapace dure. C'est une délicieuse crème.

CONSOMMATION DE POULET A LA POMME

INGRÉDIENTS

4 **carcasses de poulet**

2 **branches de céleri**

2 **pommes**

1 **carotte**

1 **oignon nouveau**

1 **poireau**

1 **tomate**

sel

TRAITEMENT

Cuire les carcasses de poulet, le céleri, la carotte, la ciboulette, le poireau et la tomate pendant 2 heures dans de l'eau froide. Égoutter, laisser refroidir et dégraisser. Réserve.

Pelez, hachez finement et faites cuire la pomme dans le bouillon réservé pendant 20 min.

Égoutter et assaisonner de sel.

ASTUCE

Pour obtenir un consommé transparent, cuire toujours lentement. Congelez ensuite. Décongeler sur un tamis et de la porcelaine très fine, et ajouter 3 feuilles de gélatine.

BUT D'ANTEQUERA

INGRÉDIENTS

1 **kg de tomates**
500 **g de pain**
100 **g de thon émietté**
2 **gousses d'ail**
1 **poivron rouge**
Vinaigre
100ml **d'huile d'olive**
sel

TRAITEMENT

Couper les tomates, le poivron, le pain et l'ail en morceaux moyens. Mélanger le tout sauf l'huile et le vinaigre.

Passer au chinois et ajouter l'huile petit à petit et sans cesser de battre. Assaisonner de sel et de vinaigre.

Servir et accompagner avec le thon émietté sur le dessus.

ASTUCE

Il ressemble beaucoup au salmorejo, mais avec une texture beaucoup plus épaisse.

CRÈME SAINT-GERMAIN

INGRÉDIENTS

500 g de pommes de terre

500 g de petits pois nettoyés

90 g de beurre

1 1/2 litres de bouillon de poulet

1 gros poireau

100ml de lait

sel

TRAITEMENT

Pelez et coupez le poireau en julienne. Cuire lentement à couvert pendant 15 min. Ajouter les pommes de terre, épluchées et divisées, et le bouillon. Cuire encore 15 minutes.

Ajouter les petits pois et cuire encore 15 min. Mixer, filtrer et verser le lait. Cuire encore 5 minutes et assaisonner de sel.

ASTUCE

Avant de broyer, ajoutez 6 feuilles de menthe. Délicieux.

SOUPE AUX BISCUITS ET CREVETTES

INGRÉDIENTS

250 **g de palourdes**

150 **g de crevettes**

150 **g de nouilles**

1 **litre de bouillon de poisson**

1 **verre de vin blanc**

3 **gousses d'ail**

1 **feuille de laurier**

1 **piment**

paprika doux

Persil

Huile d'olive

sel

TRAITEMENT

Hacher finement l'ail et le faire revenir avec le piment. Ajouter le paprika et faire revenir 5 secondes. Versez le vin blanc et laissez-le s'évaporer presque complètement. Ajouter le bouillon.

Ajouter les nouilles. Une minute avant de retirer du feu, pour que les tagliatelles soient moelleuses, ajouter les palourdes nettoyées et les crevettes décortiquées. Parsemer de persil haché.

ASTUCE

Bien purger les palourdes pendant 2 heures dans de l'eau froide avec beaucoup de sel pour chasser les impuretés et le sable.

CRÈME DE POIS CHICHES DE CASTILLE

INGRÉDIENTS

375 g de pommes de terre

125 g de pois chiches

125 g de poireau

125 g de tomates

2 litres de bouillon de poulet

1 litre de lait

Sel et poivre

TRAITEMENT

Laver les pois chiches et les faire tremper dans de l'eau tiède 12 heures à l'avance.

Faire chauffer avec le bouillon et ajouter les pois chiches. Cuire jusqu'à tendreté.

Ajouter le poireau, les tomates et les pommes de terre. Verser le lait et cuire 30 min. Concassez, filtrez et assaisonnez avec du sel et du poivre.

ASTUCE

Il peut être fait avec n'importe quel légume. La crème est tout aussi délicieuse.

SOUPE DE POISSON

INGRÉDIENTS

200 **g de lotte**

200 **g de merlu**

200 **g de crevettes**

50 **g de riz**

1 ½ **l de bouillon de poisson (voir rubrique Bouillons et sauces)**

1 **poivron vert**

1 **poivron rouge**

1 **tomate**

1 **oignon**

Huile d'olive

Sel et poivre

TRAITEMENT

Coupez l'oignon et les poivrons en très petits morceaux et laissez-les sécher lentement pendant 15 minutes.

Augmentez le feu et ajoutez la tomate râpée. Cuire jusqu'à ce qu'il perde toute son eau.

Ajouter le riz et la vapeur et cuire 16 min. Ajouter les morceaux de colin et la lotte coupée en cubes moyens. Salez et ajoutez les crevettes décortiquées. Cuire encore 2 minutes et servir.

ASTUCE

Ajouter 100 g de fenouil à la sauce. Il lui donne une saveur anisée exquise.

CRÈME DE MORUE

INGRÉDIENTS

1 kg de pommes de terre

200 g de cabillaud dessalé

100ml de vin blanc

3 poireaux moyens

2 carottes

1 feuille de laurier

1 gros oignon

Huile d'olive

Sel et poivre

TRAITEMENT

Couper l'oignon en julienne et trancher finement les poireaux propres. Cuire lentement pendant environ 20 minutes avec la casserole couverte.

Pendant ce temps, faire cuire la morue dans 1 litre d'eau froide pendant 5 minutes. Réserver l'eau de cuisson, retirer le cabillaud, l'émietter et retirer les arêtes.

Coupez les pommes de terre et les carottes en morceaux moyens et ajoutez-les dans la casserole lorsque les poireaux sont cuits. Faites revenir un peu les pommes de terre, augmentez le feu et ajoutez le vin blanc. Laissez réduire.

Mouiller le ragoût avec l'eau retenue de la morue, ajouter la feuille de laurier et cuire jusqu'à ce que les pommes de terre et les carottes soient tendres. Ajouter la morue et cuire encore 1 minute. Retirez la feuille de laurier, écrasez-la et égouttez-la. Assaisonnez avec du sel et du poivre.

ASTUCE

Le cabillaud peut être remplacé par du merlu. Ajouter 1 cuillère à soupe de paprika doux avant de verser le bouillon.

CRÈME DE BROCOLI AU BACON GRILLÉ

INGRÉDIENTS

150 g de lard

1 litre de bouillon de poulet

125 ml de crème

2 tiges de brocoli

2 poireaux propres

2 grosses pommes de terre

Huile d'olive

Sel et poivre

TRAITEMENT

Pelez, hachez finement et faites revenir les poireaux à feu doux et à couvert pendant 20 minutes. Ajouter le brocoli nettoyé coupé en bouquets et cuire encore 5 minutes.

Ajouter les pommes de terre épluchées et coupées en quartiers. Mouiller avec le bouillon et cuire doucement pendant 20 min. Verser la crème et cuire encore 10 min. Mixer, filtrer et assaisonner de sel et de poivre.

A part, dorer les lardons dans une poêle et servir sur la crème.

ASTUCE

Pour éviter que le brocoli sente trop fort, ajoutez 2 cuillères à soupe de vinaigre pendant la cuisson.

GAZPACHO MANCHEGO

INGRÉDIENTS

300 **g de chapelure**

2 **cuillères à soupe de vinaigre**

1 **cuillère à soupe de persil frais**

1 **œuf à la coque**

1 **gousse d'ail**

1 **oignon nouveau**

¾ **dl d'huile d'olive**

sel

TRAITEMENT

Concassez la chapelure, la ciboule, l'œuf dur, l'ail et le persil avec l'huile et le vinaigre.

Égoutter et assaisonner de sel. Ajouter un peu d'eau si nécessaire.

ASTUCE

L'idéal est de faire ce gaspacho au mortier jusqu'à ce qu'il devienne une pâte puis d'y ajouter les liquides.

CRÈME DE COURGETTE

INGRÉDIENTS

1 **kg de courgettes**

1 **litre de bouillon de poulet**

2 **poireaux propres**

2 **grosses pommes de terre**

Huile d'olive

Sel et poivre

TRAITEMENT

Pelez, hachez finement et faites revenir les poireaux à feu doux et à couvert pendant 20 minutes. Ajouter les courgettes épluchées et tranchées. Faire sauter encore 5 minutes.

Ajouter les pommes de terre épluchées et coupées en quartiers. Mouiller avec le bouillon. Cuire à feu doux pendant 30 min. Mixer, filtrer et assaisonner de sel et de poivre.

ASTUCE

Pour une texture lisse, ajouter 1 fromage par personne lorsqu'il est écrasé.

SOUPE CASTILLAINE

INGRÉDIENTS

100 g de jambon serrano

150 g de pain

1 ½ l de bouillon de bœuf (ou de poulet).

1 cuillère à soupe de paprika

5 gousses d'ail

6 oeufs

Huile d'olive

sel

TRAITEMENT

Faire revenir lentement l'ail coupé en dés avec le jambon coupé en julienne sans coloration.

Ajouter le pain de mie et mélanger pendant 5 min. Retirer du feu et ajouter le paprika. Remuez rapidement pour qu'il ne brûle pas.

Remettre sur le feu et verser dessus le bouillon. Cuire 5 minutes, saler et ajouter les œufs cassés.

ASTUCE

Une excellente façon d'utiliser les restes de soupe cuite est de l'utiliser comme bouillon pour cette soupe.

CRÈME DE CITROUILLE

INGRÉDIENTS

500 **g de potiron pelé**

1 **litre de bouillon de poulet**

3 **carottes**

2 **pommes de terre épluchées**

1 **grosse tomate**

1 **gros poireau**

1 **gousse d'ail**

1 **oignon**

Sel et poivre

TRAITEMENT

Lavez les légumes et coupez-les finement. Faire revenir le potiron, les carottes, le poireau, l'ail et l'oignon à feu moyen pendant 30 min.

Ajouter la tomate en quartiers et les pommes de terre épluchées et coupées en dés.

Verser le bouillon et cuire 45 minutes à feu moyen. Mixer, filtrer et assaisonner de sel et de poivre.

ASTUCE

Servir avec quelques cubes de gelée d'orange. Incroyable.

CRÈME D'ASPERGES VERTES AU SAUMON FUMÉ

INGRÉDIENTS

250 ml de bouillon de poulet

100 dl de crème

4 tranches de saumon fumé

3 bottes d'asperges vertes

2 poireaux

2 pommes de terre

½ céleri

Huile

Sel et poivre

TRAITEMENT

Nettoyez les asperges, les poireaux, le céleri et coupez-les en petits morceaux. Cuire doucement pendant 25 min.

Ajouter les pommes de terre épluchées et coupées en quartiers. Arroser de bouillon et de crème. Cuire 25 min. Mixer, filtrer et assaisonner de sel et de poivre.

Accompagner de saumon fumé coupé en lanières.

ASTUCE

Cette crème peut être prise chaude et froide.

CRÈME D'ÉPINARDS À LA COLLE EN CONSERVE

INGRÉDIENTS

1 kg d'épinards

1 litre de bouillon de poulet

1 verre de vermouth sec

2 grosses pommes de terre

2 poireaux

1 boîte de palourdes

1 feuille de gélatine

Huile d'olive

Sel et poivre

TRAITEMENT

Eplucher, hacher et faire sauter les poireaux lentement, à couvert, pendant 20 min. Incorporer les épinards nettoyés et coupés en petits morceaux et cuire encore 5 minutes.

Ajouter les pommes de terre épluchées et coupées en quartiers. Verser le vermouth et laisser réduire complètement. Mouiller avec le bouillon et cuire à feu doux pendant 30 min. Mixer, filtrer et assaisonner de sel et de poivre. Réserve.

Retirer les palourdes de la boîte et réserver leur liquide. Chauffez légèrement le liquide.

Ajouter la gélatine préalablement hydratée dans de l'eau froide au bouillon de palourdes chaud et remuer jusqu'à dissolution. Conserver au froid sur une plaque pour obtenir une épaisseur de ½ cm.

Couper la gelée en petits cercles. Servir la crème d'épinards tiède et déposer les palourdes dessus et la gelée dessus.

ASTUCE

La saveur des palourdes est rehaussée en dissolvant légèrement la gélatine.

GAZPACHO ANDALOUS

INGRÉDIENTS

1 **kg de tomates**

250 **g de piments verts**

250 **g de concombres**

1 **gousse d'ail**

½ **oignon**

Vinaigre

2 **dl d'huile d'olive**

sel

TRAITEMENT

Lavez bien les légumes et coupez-les en morceaux moyens.

Bien mélanger tous les ingrédients, sauf le vinaigre et l'huile, jusqu'à obtenir un mélange lisse. Filtrer au chinois et ajouter l'huile en fouettant. Ajouter du vinaigre au goût.

ASTUCE

Vous pouvez ajouter 100 g de pain, 1 verre d'eau et environ 8 grains de cumin lors de la mouture.

CRÈME DE HARICOTS ET PAPRIKA AU SEL DE JAMBON

INGRÉDIENTS

450 **g de haricots verts**

250 **g de pommes de terre**

100 **g de jambon serrano tranché**

1 **litre de bouillon de poulet**

1 **cuillère à soupe de paprika**

1 **os de jambon**

1 **poireau**

Huile d'olive

Sel et poivre

TRAITEMENT

Retirez les extrémités et les fils latéraux des haricots et coupez-les en petits morceaux. Couper le poireau en tranches.

Cuire doucement le poireau et les haricots pendant 25 **min. Ajouter les pommes de terre nettoyées, épluchées et coupées en quartiers. Ajouter le paprika, faire revenir** 5 **secondes et verser le bouillon. Ajouter l'os de jambon et cuire** 30 **min.**

Retirer l'os, écraser, égoutter et assaisonner avec du sel et du poivre (il doit être légèrement fade).

Placer le jambon Serrano au micro-ondes sur du papier absorbant pendant 2 **minutes. Laisser sécher au micro-onde et passer au mortier jusqu'à obtenir une consistance salée. Servir la crème avec le sel de jambon sur le dessus.**

ASTUCE

Il est parfait pour l'été et l'hiver car il peut être pris chaud et froid.

CRÈME DE MELON AVEC JAMBON ET POMMES DE TERRE

INGRÉDIENTS

500 g de bouillon de poulet

125 g de crème

1 **yaourt nature (facultatif)**

1 **gros oignon**

1 **melon**

Jambon cru

Huile d'olive

Sel et poivre

TRAITEMENT

Faire revenir l'oignon coupé en julienne sans coloration. Verser le bouillon et ajouter le melon coupé, épépiné et pelé. Cuire 25 min.

Mélanger avec le yaourt et la crème. Égoutter et laisser refroidir. Mettez du sel et du poivre. Décorer le dessus avec une tranche de jambon.

ASTUCE

Il peut également être fait avec de la pastèque et différentes sortes de melon pour obtenir une saveur différente.

CRÈME DE POMMES DE TERRE AU CHORIZO

INGRÉDIENTS

2 **grosses pommes de terre**

1 **cuillère à café de paprika**

1 **cuillère à café de chorizo** poivré (ou ñora)

2 **gousses d'ail**

1 **chorizo** asturien

1 **poivron vert**

1 **feuille de laurier**

1 **oignon**

Huile d'olive

sel

TRAITEMENT

Faire revenir l'ail haché dans un peu d'huile pendant 2 minutes. Ajouter l'oignon et le poivron coupés en fines lamelles. Faire revenir 20 minutes à feu moyen-doux puis ajouter la pulpe de piment chorizo.

Ajouter le chorizo haché et faire revenir 5 min. Ajouter les pommes de terre épluchées et la cachelada et cuire 10 minutes en remuant constamment. Sel.

Ajouter le paprika et couvrir d'eau. Cuire lentement avec la feuille de laurier jusqu'à ce que les pommes de terre soient bien cuites. Éliminer la feuille de laurier, écraser et filtrer.

ASTUCE

C'est une crème parfaite pour profiter des restes de quelques pommes de terre de la Rioja.

CONFÉRENCE CRÈME DE POIRES ET POMMES DE TERRE

INGRÉDIENTS

225 g de poireaux

125 g de pommes de terre

1 litre de bouillon de légumes

2 cuillères à soupe de beurre

2 poires sans peau

12 fils de safran

sel et poivre noir

TRAITEMENT

Faire revenir lentement les poireaux nettoyés et coupés en julienne et les pommes de terre coupées en dés dans le beurre.

Lorsque les légumes sont prêts, ajouter les poires, le bouillon et le safran grillé. Cuire 20 minutes, mixer et filtrer. Il peut être servi chaud ou froid.

ASTUCE

Cette crème peut être accompagnée de cubes de tout type de fromage.

CRÈME DE POIREAUX

INGRÉDIENTS

500 g de blanc de poireau

500 g de pommes de terre

150 g de crème

100 g de beurre

1 ½ bouillon de poulet

sel et poivre blanc

TRAITEMENT

Pelez et coupez les poireaux en julienne. Cuire doucement recouvert de beurre. Ajouter les pommes de terre épluchées et coupées en dés et verser le bouillon. Cuire jusqu'à tendreté.

Mélanger et cuire 5 minutes à feu doux avec la crème. Assaisonnez avec du sel et du poivre.

ASTUCE

La Vichyssoise est une crème froide de poireaux. Il peut être accompagné de quelques œufs de truite.

CRÈME DE CHAMPIGNONS ET FLOCONS DE PARMESAN

INGRÉDIENTS

1 kg de champignons

½ litre de bouillon de poulet

¼ de litre de crème

1 oignon

1 poireau (la partie blanche)

4 gousses d'ail

Persil haché

copeaux de parmesan

Huile d'olive

Sel et poivre

TRAITEMENT

Faire revenir lentement l'oignon, le poireau et l'ail hachés. Montez le feu, ajoutez les champignons nettoyés coupés en julienne et poursuivez la cuisson.

Verser le bouillon et assaisonner de sel et de poivre. Mixer, filtrer et cuire avec la crème encore 5 minutes.

Servir avec du persil haché et des copeaux de parmesan.

ASTUCE

Séchez quelques tranches de jambon Serrano au micro-ondes, réduisez-les en poudre et ajoutez-les par-dessus.

SOUPE À LA TOMATE

INGRÉDIENTS

1 kg de tomates mûres

½ litre de bouillon de poulet

125 ml de crème liquide

125 ml de vin blanc

2 gousses d'ail

2 oignons nouveaux

sucre

Huile d'olive

sel

TRAITEMENT

Faire revenir lentement les oignons nouveaux et l'ail, coupés en petits morceaux, jusqu'à ce qu'ils soient tendres.

Incorporer les tomates également coupées en petits morceaux et faire sauter pendant 10 minutes. Mouiller avec le vin et laisser réduire presque complètement.

Verser le bouillon et cuire 25 minutes à feu moyen. Concassez, filtrez et rectifiez le sel et le sucre. Décorer de crème liquide.

ASTUCE

Accompagner d'amandes effilées grillées et de feuilles de basilic frais coupées en julienne.

CRÈME DE MELON FROID

INGRÉDIENTS

½ **melon, pelé et épépiné**

250 **ml de bouillon de poulet**

200 **ml de crème**

1 **poireau**

1 **yaourt nature**

jambon serrano

Huile d'olive

Sel et poivre

TRAITEMENT

Eplucher et hacher le poireau. Cuire à couvert doucement pendant 15 min.

Ajouter le melon, le bouillon et la crème. Cuire 5 minutes et laisser refroidir. Ajouter le yaourt, mixer, assaisonner et filtrer.

Accompagnez cette crème de morceaux de jambon Serrano.

ASTUCE

Pour donner une touche de fraîcheur à cette crème, ajoutez quelques feuilles de menthe en moulant.

CRÈME DE BETTERAVES

INGRÉDIENTS

300 g de betteraves cuites

75 g de beurre

½ litre de bouillon de poulet

2 poireaux

1 bulbe de fenouil

1 branche de céleri

1 oignon

1 carotte

thym

Crème

sel

TRAITEMENT

Épluchez, épluchez et hachez finement l'oignon, le poireau, le céleri, le fenouil et la carotte. Faire revenir au beurre 2 minutes à feu doux.

Mouiller avec le bouillon, ajouter le thym et cuire encore 15 minutes. Ajouter les betteraves et cuire encore 5 min. Mixez, filtrez et salez.

ASTUCE

Cette crème peut être consommée chaude et froide.

CRÈME DE PAREMENT

INGRÉDIENTS

375 g de poireaux

750 g de pommes de terre

75 g de beurre

750 ml de bouillon de poulet

250ml de lait

sel et poivre blanc

TRAITEMENT

Coupez les poireaux en fines tranches et faites-les cuire à couvert doucement dans le beurre pendant 20 minutes.

Ajouter les pommes de terre coupées en dés et verser le bouillon. Cuire au four environ 30 minutes ou jusqu'à ce que les pommes de terre soient tendres.

Mélanger et chauffer à nouveau lentement pendant encore 5 minutes avec le lait. Égoutter et assaisonner de sel et de poivre.

ASTUCE

Utilisez des pommes de terre violettes pour cette crème. C'est une couleur merveilleuse et appétissante.

CRÈME DE PALOURDES

INGRÉDIENTS

500 g de palourdes

100 g de lard

10 g de farine

3 dl de lait

1 ½ dl de crème

2 tomates

2 pommes de terre moyennes

1 branche de céleri

1 petit oignon nouveau

1 ½ dl d'huile d'olive

Sel et poivre

TRAITEMENT

Purgez les palourdes dans de l'eau froide avec beaucoup de sel pendant 2 heures.

Ouvrir les palourdes dans une casserole avec un peu d'eau et de sel. Une fois ouvert, réserver l'eau de cuisson et la chair des palourdes.

Faire revenir le bacon dans une poêle jusqu'à ce qu'il soit croustillant. Retirer et réserver. Faire revenir lentement l'oignon coupé en petits morceaux et le céleri, nettoyés et sans fils et coupés en morceaux moyens, dans la même huile.

Ajouter la farine et cuire 3 minutes en remuant constamment. Ajouter le lait, l'eau de cuisson des palourdes et la crème. Retirer du four et ajouter les pommes de terre coupées en morceaux moyens. Laisser mijoter lentement jusqu'à ce que les pommes de terre soient bien cuites. Assaisonner de sel et de poivre et ajouter quelques cubes de tomates sans peau ni pépins et la chair des palourdes.

ASTUCE

Vous pouvez le faire avec des palourdes en conserve et utiliser le bouillon de la boîte.

LAPIN CHOCOLAT AUX AMANDES RÔTIES

INGRÉDIENTS

1 lapin

60 g de chocolat noir râpé

1 verre de vin rouge

1 brin de thym

1 brin de romarin

1 feuille de laurier

2 carottes

2 gousses d'ail

1 oignon

Bouillon de poulet (ou eau)

Amandes grillées

Huile d'olive vierge extra

Sel et poivre

TRAITEMENT

Hachez, assaisonnez et faites dorer le lapin dans une marmite très chaude. Retirer et réserver.

Dans la même huile, faire dorer l'oignon, les carottes et les gousses d'ail coupées en petits morceaux à feu doux.

Ajouter la feuille de laurier et les brins de thym et de romarin. Ajouter le vin et le bouillon et cuire à feu doux pendant 40 min. Salez et retirez le lapin.

Passer la sauce au mélangeur et la remettre dans la casserole. Ajouter le lapin et le chocolat et remuer jusqu'à ce qu'ils soient fondus. Cuire encore 5 minutes pour marier les saveurs.

ASTUCE

Garnir avec les amandes grillées sur le dessus. L'ajout de poivre de Cayenne ou de piments lui donne un côté épicé.

CRIADILLA D'AGNEAU PANÉ AUX FINES HERBES

INGRÉDIENTS

12 unités de criadillas d'agneau

1 cuillère à café de romarin frais

1 cuillère à café de thym frais

1 cuillère à café de persil frais

Farine, œuf et chapelure (pour enrober)

Huile d'olive

Sel et poivre

TRAITEMENT

Nettoyez les criadillas en enlevant les deux membranes qui les entourent. Bien laver avec de l'eau et un peu de vinaigre, puis égoutter et sécher.

Couper et assaisonner les criadillas. Mélanger un peu de chapelure avec les herbes fraîches finement hachées. Passer dans la farine, l'œuf et la chapelure et faire frire dans beaucoup d'huile chaude.

ASTUCE

Une pâte plus amusante et créative peut être préparée en remplaçant la chapelure par des craquelins écrasés.

Escalope milanaise

INGRÉDIENTS

4 filets de veau

150 g de chapelure

100 g de parmesan

2 oeufs

Farine

Huile d'olive

Sel et poivre

TRAITEMENT

Assaisonner et fariner les filets, les passer dans l'oeuf battu et dans le mélange de pain et de parmesan râpé.

Bien presser pour que la chapelure adhère bien et faire frire dans beaucoup d'huile chaude.

ASTUCE

L'accompagnement parfait pour ce plat est des spaghettis à la sauce tomate.

RAGOÛT DE VIANDE À LA JARDINERA

INGRÉDIENTS

1 kg de jarret de viande

100 g de champignons

1 verre de vin rouge

3 cuillères à soupe de tomates frites

1 brin de thym

1 brin de romarin

1 feuille de laurier

2 carottes

1 oignon

2 clous de girofle

1 boîte de petits pois

Bouillon de boeuf (ou eau)

Huile d'olive

Sel et poivre

TRAITEMENT

Hachez, assaisonnez et faites dorer la viande à feu vif. Sortir et réserver.

Faire revenir l'oignon et les carottes coupées en dés dans la même huile. Remettre la viande et déglacer avec le vin rouge. Laisser réduire et ajouter la tomate frite, le laurier, les clous de girofle et les brins de thym et de romarin.

Couvrir avec le bouillon et cuire jusqu'à ce que la viande soit tendre. Juste avant la fin de la cuisson, ajouter les petits pois et les champignons sautés en quartiers.

ASTUCE

L'ajout d'un bâton de cannelle pendant la cuisson donne au ragoût une touche surprenante.

FLAMENCO

INGRÉDIENTS

8 steaks de jambon ou de longe de porc

8 tranches de jambon serrano

8 tranches de fromage

Farine, œuf et chapelure (pour enrober)

Huile d'olive

Sel et poivre

TRAITEMENT

Assaisonnez et séchez les filets. Farcir d'une tranche de jambon et d'une autre de fromage et rouler sur eux-mêmes.

Passer dans la farine, l'œuf battu et la chapelure et faire frire dans beaucoup d'huile chaude.

ASTUCE

Pour une touche plus amusante, vous pouvez remplacer la chapelure par des céréales hachées ou du kiko.

FRICAND DE VEAU

INGRÉDIENTS

1 kg de filets de boeuf

300 g de champignons

250 cl de bouillon de viande

125cl d'eau-de-vie

3 tomates

1 oignon

1 bouquet d'herbes aromatiques (thym, romarin, laurier...)

1 carotte

Farine

Huile d'olive

Sel et poivre

TRAITEMENT

Assaisonner et fariner la viande. Faites-le dorer dans un peu d'huile à feu moyen et retirez-le.

Faites frire la carotte et l'oignon coupés en petits morceaux dans la même huile avec laquelle les filets ont été faits. Quand ils sont tendres, ajoutez les tomates râpées. Bien cuire jusqu'à ce que la tomate ait perdu toute l'eau.

Augmentez le feu et ajoutez les champignons. Cuire 2 minutes puis tremper dans le cognac. Laisser évaporer et ajouter à nouveau les pétoncles.

Couvrir avec le bouillon et ajouter les herbes aromatiques. Assaisonner de sel et cuire 30 minutes à feu doux ou jusqu'à ce que la viande soit tendre. Laisser reposer encore 30 min à couvert.

ASTUCE

Si ce n'est pas la saison des champignons, vous pouvez en utiliser des déshydratés. La saveur est incroyable.

PORRIDGE AU CHORIZO ET SAUCISSE

INGRÉDIENTS

10 saucisses fraîches

2 saucisses

4 grosses cuillères à soupe de farine de blé dur

1 cuillère à soupe de paprika

1 foie de porc

1 tête d'ail

2 dl d'huile d'olive

sel

TRAITEMENT

Couper le chorizo et les saucisses en morceaux. Faire dorer à feu moyen avec l'huile. Retirer et réserver.

Faire revenir les dés de foie et la moitié de l'ail dans la même huile. Égoutter et piler dans un mortier. Réserve.

Faire revenir le reste de l'ail émincé dans la même huile, ajouter le paprika et un peu de farine.

Mélanger sans s'arrêter jusqu'à ce que la farine ne soit plus crue. Ajouter 7 dl d'eau et cuire en remuant. Ajouter la purée de mortier, les saucisses et les chorizos. Assaisonner de sel et mélanger.

ASTUCE

Un bon accompagnement est de tendres pousses d'ail sur le gril.

LACON AUX FEUILLES DE NAVET

INGRÉDIENTS

1 ½ kg d'épaule fraîche

1 gros bouquet de feuilles de navet

3 saucisses

2 grosses pommes de terre

1 oignon moyen

Paprika (doux ou épicé)

Huile d'olive

sel

TRAITEMENT

Cuire l'épaule de porc environ 2 heures dans une grande quantité d'eau salée et l'oignon.

Lorsqu'il reste 30 minutes de cuisson, ajouter les chorizos et les grosses pommes de terre cachelada (épluchées, non coupées).

A part, faire cuire les fanes de navets dans de l'eau bouillante pendant 10 minutes. Égoutter et réserver.

Servir le lacón, les chorizos, les pommes de terre et les feuilles de navet et saupoudrer de paprika doux ou piquant.

ASTUCE

Il est pratique de cuire les fanes de navet séparément car l'eau de cuisson est amère.

FOIE DE VEAU AU VIN ROUGE

INGRÉDIENTS

750 g de filets de foie de boeuf

100 g de farine

75 g de beurre

1 litre de bouillon de viande

400 ml de vin rouge

2 gros oignons

Huile d'olive

Sel et poivre

TRAITEMENT

Cuire le vin jusqu'à ce qu'il ait réduit de moitié son volume.

Pendant ce temps, mettez 1 cuillère à soupe de beurre et une autre de farine dans une casserole. Cuire à feu doux jusqu'à ce que la farine soit légèrement dorée. Mouiller avec le vin et le bouillon sans cesser de mélanger. Cuire 15 minutes, assaisonner de sel et de poivre.

Assaisonner et fariner le foie. Faire dorer dans un peu d'huile des deux côtés. Retirer et réserver.

Faire revenir l'oignon finement haché dans la même huile pendant 25 minutes. Ajouter le foie et la sauce. Chauffer (ne pas faire bouillir) et servir chaud.

ASTUCE

Vous pouvez remplacer le vin rouge par du vin blanc, du lambrusco, du cava, du vin doux, etc.

Mijoté de lièvre

INGRÉDIENTS

1 lièvre

1 litre de bouillon de viande

½ litre de vin rouge

1 brin de romarin

1 brin de thym

4 gousses d'ail

2 tomates

1 gros oignon

1 carotte

1 poireau

Huile d'olive

Sel et poivre

TRAITEMENT

Hachez, assaisonnez et faites dorer le lièvre. Retirer et réserver.

Couper l'ail, l'oignon, la carotte et le poireau en petits morceaux et les faire revenir pendant 20 minutes dans la même huile avec laquelle le lièvre a été fait.

Ajouter les tomates cerises râpées et cuire jusqu'à ce qu'elles perdent toute leur eau. Remettez le lièvre.

Verser le vin et le bouillon, ajouter les herbes aromatiques et cuire à feu doux environ 1 heure ou jusqu'à ce que le lièvre soit tendre.

ASTUCE

Le lièvre coupé en morceaux peut être macéré pendant 24 heures dans du vin et du bouillon avec des herbes aromatiques et des légumes coupés en petits morceaux. Le lendemain, égouttez le lièvre en gardant les liquides et les légumes et faites-le cuire en suivant les étapes précédentes.

LONGE DE PORC À LA PÊCHE

INGRÉDIENTS

1 kg de longe de porc entière

1 verre de bouillon de viande

1 sachet de soupe à l'oignon déshydratée

1 bocal de pêches au sirop

Huile d'olive

Sel et poivre

TRAITEMENT

Assaisonnez la viande et faites-la dorer dans la poêle de tous les côtés.

Ajouter la pêche sans le sirop et le bouillon. Laisser mijoter à feu très doux pendant 1 heure ou jusqu'à ce que la pêche soit presque caramélisée. A ce moment ajouter le sachet de soupe à l'oignon et cuire encore 5 minutes.

Retirer la longe et mixer la sauce. Placer la longe et la sauce.

ASTUCE

On peut faire la même chose avec de l'ananas au sirop et aussi avec du filet mignon de porc, mais en réduisant de moitié le temps de cuisson.

SAUCE MAIGRE

INGRÉDIENTS

1 kg de porc maigre

1 boîte de purée de tomates de 800 g

1 brin de thym frais

1 gros oignon

2 gousses d'ail

Brandy

sucre

Huile d'olive

Sel et poivre

TRAITEMENT

Salez et faites dorer le maigre à feu vif. Retirer la viande et réserver.

Faire revenir l'oignon et l'ail coupés en brunoise dans la même huile. Ajouter à nouveau le maigre et arroser d'un trait de cognac.

Laisser réduire 2 minutes, ajouter la boite de tomate, la branche de thym et cuire à feu doux jusqu'à ce que la viande maigre soit tendre.

Rectifier le sel et le sucre et cuire encore 5 minutes.

ASTUCE

Vous pouvez également faire sauter de bons champignons et les ajouter au ragoût.

BOUTONS DE PORC CUIT

INGRÉDIENTS

4 pieds de cochon

100 g de jambon serrano

1 verre de vin blanc

1 cuillère à café de farine

1 cuillère à soupe de paprika

4 gousses d'ail

2 tomates

2 oignons

1 feuille de laurier

1 carotte

1 cayenne

Huile d'olive

sel et 10 grains de poivre

TRAITEMENT

Cuire les zamponi dans de l'eau froide pendant 1 minute dès qu'ils commencent à bouillir. Changez l'eau et répétez cette opération 3 fois. Faites-les ensuite cuire avec 1 oignon, la carotte, 2 gousses d'ail, le laurier, les grains de poivre et le sel pendant 2 h 1/2 jusqu'à ce que la viande se détache facilement de l'os. Réservez le bouillon.

Hacher finement l'autre oignon et le reste de l'ail. Faire revenir environ 10 minutes avec les dés de jambon et le poivre de Cayenne. Ajouter la farine et le paprika. Faire revenir 10 secondes et ajouter les tomates cerises râpées. Cuire jusqu'à ce qu'il perde toute son eau. Verser le vin et cuire à feu vif jusqu'à ce qu'il épaississe et que la sauce soit presque sèche. Retirer. Mouiller avec 200 ml de bouillon de cuisson de zamponi et continuer à remuer pour éviter que ça colle. Cuire à feu doux pendant 10 minutes et assaisonner de sel. Désosser les zamponi, les mettre dans la sauce et cuire encore 2 minutes.

ASTUCE

Les pieds peuvent être rembourrés avec tout ce que vous voulez. Il ne vous reste plus qu'à les envelopper dans du film alimentaire et les laisser refroidir. Ensuite, il vous suffit de les couper en tranches épaisses, de les fariner, de les faire revenir et de les faire cuire dans la sauce.

LES MIETTES

INGRÉDIENTS

1 morceau de pain rassis

200 g de saucisse

200 g de jambon

4 poivrons verts italiens

1 tête d'ail

TRAITEMENT

Coupez le pain en cubes et hydratez-le avec de l'eau (il ne doit pas être trempé).

Faire revenir l'ail écrasé non pelé dans une grande poêle et réserver. Coupez le chorizo et le jambon et faites-les revenir également dans la même poêle. Retirer et réserver.

Faites dorer le pain dans la même huile que celle dans laquelle le chorizo a été préparé pendant 30 minutes à feu doux. Remuer jusqu'à ce que le pain soit friable mais pas sec. Ajouter le reste des ingrédients et mélanger à nouveau pour mélanger la chapelure avec le chorizo et le jambon.

ASTUCE

Les migas peuvent être accompagnées de sardines, de raisins, d'œufs au plat, etc.

LONGE DE PORC FARCIE

INGRÉDIENTS

800 g de longe de porc ouverte

200 g de tranches de jambon serrano

175 g de bacon tranché

90 g de noix mélangées

75 g de saindoux

750 ml de bouillon de viande

150 ml de vin blanc

1 grosse cuillère à soupe de fécule de maïs

4 œufs

Sel et poivre

TRAITEMENT

Assaisonner et badigeonner la longe avec l'œuf battu. Garnir avec les tranches de jambon, les lardons, les noix et 3 œufs durs coupés en quartiers.

Fermer avec un filet à viande et tartiner de saindoux. Faire dorer de tous les côtés dans une poêle bien chaude. Transférer dans un plat et cuire à 180°C pendant 30 min. Arrosez toutes les 5 minutes avec le bouillon.

Laisser reposer la viande hors de la poêle pendant 5 min.

Récupérez le jus de la casserole, ajoutez le vin et refaites chauffer le tout dans une casserole. Porter à ébullition et ajouter la fécule de maïs diluée dans un peu d'eau froide. Assaisonnez avec du sel et du poivre.

Fileter le filet et arroser de sauce.

ASTUCE

Le repos de la viande est essentiel, car cela aide à ne pas perdre les jus et à homogénéiser les saveurs.

VEAU CARBONARA

INGRÉDIENTS

8 filets de veau

500 g d'oignons

100 g de beurre

½ litre de bouillon de boeuf

1 bouteille de bière

1 feuille de laurier

1 brin de thym

1 brin de romarin

Farine

Huile d'olive

Sel et poivre

TRAITEMENT

Assaisonner et fariner les filets. Faites-les dorer légèrement des deux côtés dans le beurre. Retirer et réserver.

Faites revenir les oignons coupés en fines juliennes dans ce beurre. Couvrez la casserole et faites cuire à feu doux pendant 30 min.

Ajouter les steaks et la bière. Cuire à feu moyen jusqu'à ce que la sauce soit presque sèche.

Mouiller avec le bouillon de viande et ajouter les herbes aromatiques. Cuire à feu doux jusqu'à ce que la viande soit tendre. Saler et laisser reposer 20 minutes hors du feu avec la casserole couverte.

ASTUCE

Si la viande est trop cuite, elle sera dure et devra être cuite plus longtemps jusqu'à ce qu'elle ramollisse à nouveau. Il est préférable de vérifier sa dureté toutes les 5 à 10 minutes.

PAIN D'AGNEAU AUX CÈPES

INGRÉDIENTS

500 g de ris d'agneau

250 g de cèpes

1 verre de vin de Xérès

1 oignon nouveau

1 gousse d'ail

Persil

Huile d'olive

Sel et poivre

TRAITEMENT

Refroidir les gésiers dans une grande quantité d'eau froide pendant au moins 2 heures en changeant l'eau 2 ou 3 fois. Faites-les ensuite cuire dans une casserole recouverte d'eau froide. Laisser agir 10 secondes dès la première ébullition, retirer et refroidir. Retirer toute la peau, le gras et le filet.

Faire revenir l'oignon et l'ail dans une poêle chaude, coupés en petits morceaux. Monter le feu et ajouter les gésiers salés. Faire sauter pendant 2 minutes et ajouter les cèpes nettoyés et coupés en filets. Cuire 2 minutes et ajouter le vin. Laisser réduire à feu doux environ 20 minutes.

ASTUCE

La réussite de ce plat réside dans la patience à nettoyer le gésier. Sinon, ils seront amers et auront mauvais goût.

VEAU OXOBUCO A L'ORANGE

INGRÉDIENTS

8 ossobuco

1 litre de bouillon de viande

1 verre de vin blanc

2 cuillères à soupe de vinaigre de vin

1 oignon

1 bouquet d'herbes aromatiques (thym, romarin, laurier...)

2 carottes

2 clous de girofle

½ orange râpée

Jus de 2 oranges

jus de ½ citron

1 cuillère à soupe de sucre

Beurre

Huile d'olive

Sel et poivre

TRAITEMENT

Dans un bol, mélanger l'oignon coupé en julienne, les carottes coupées en petits morceaux, le jus, les clous de girofle, les herbes aromatiques et le vin blanc. Assaisonner les ossobuchi et laisser mariner 12 heures dans ce mélange. Égouttez et gardez le liquide.

Séchez la viande et faites-la dorer à feu très vif dans une casserole.

A côté, faire bouillir les légumes marinés dans l'huile et ajouter l'ossobuchi. Cuire jusqu'à tendreté. Ajouter le liquide réservé et laisser mijoter 5 minutes. Mouiller avec le bouillon de viande. Couvrir et cuire environ 3 heures ou jusqu'à ce que l'os se désagrège facilement.

Pendant ce temps faire un caramel avec le sucre et le vinaigre. Versez-le sur la sauce. Ajouter un peu de beurre et le zeste d'orange. Faire bouillir quelques minutes avec la viande.

ASTUCE

Il est important que la marmite où l'ossobuco est doré soit très chaude pour que la viande soit beaucoup plus juteuse.

SAUCISSE AU VIN

INGRÉDIENTS

20 saucisses fraîches

2 oignons coupés en julienne

½ litre de vin blanc

1 cuillère à soupe de farine

2 feuilles de laurier

Huile d'olive

Sel et poivre

TRAITEMENT

Faire dorer les saucisses à feu vif. Sortir et réserver.

Couper les oignons en julienne et les faire revenir à feu doux pendant 40 minutes dans la même huile que les saucisses. Ajouter la farine et faire revenir 5 min. Ajouter à nouveau les saucisses, verser le vin et ajouter les feuilles de laurier.

Cuire pendant 20 minutes jusqu'à ce que tout l'alcool se soit évaporé et assaisonner avec du sel et du poivre.

ASTUCE

Une excellente version peut être réalisée en ajoutant du lambrusco à la place du vin blanc.

TARTE À LA VIANDE ANGLAISE

INGRÉDIENTS

800 g de viande hachée

800 g de pommes de terre

2 verres de vin rouge

1 verre de bouillon de poulet

4 jaunes d'œufs

4 gousses d'ail

2 tomates mûres moyennes

2 oignons

4 carottes

Parmesan

thym

Origan

Huile d'olive

Sel et poivre

TRAITEMENT

Pelez, coupez et faites cuire les pommes de terre. Réserve. Râper l'ail, les oignons et les carottes.

Assaisonner et dorer la viande. Ajoutez ensuite les légumes et laissez-les bien sécher. Ajouter les tomates cerises râpées et faire revenir. Mouiller avec le vin et laisser évaporer. Mouiller avec le bouillon et attendre que la sauce soit presque sèche. Ajouter le thym et l'origan.

Passer les pommes de terre au presse-purée, assaisonner de sel et de poivre et ajouter le parmesan finement râpé et 4 jaunes d'œufs.

Placer la viande bien serrée dans un moule et disposer dessus la purée et le parmesan grossièrement râpé. Cuire à 175°C pendant 20 min.

ASTUCE

Il peut être accompagné d'une bonne sauce tomate et aussi d'une sauce barbecue.

RONDE DE VEAU BRAISÉE

INGRÉDIENTS

1 tour de veau

250 ml de bouillon de viande

250 ml de vin blanc

1 brin de thym

1 brin de romarin

3 gousses d'ail

2 carottes

2 oignons

1 tomate râpée

Huile d'olive

Sel et poivre

TRAITEMENT

Salez et poivrez le rond, placez-le dans un filet à viande et faites-le dorer dans une poêle bien chaude. Retirer et réserver.

Faire bouillir les légumes hachés dans la même huile. Une fois tendre, ajouter la tomate râpée et cuire jusqu'à ce qu'elle perde toute son eau.

Mouiller avec le vin et le réduire à ¼ de son volume. Remettez la viande et mouillez-la avec le bouillon. Ajouter les herbes aromatiques.

Couvrir et cuire pendant 90 minutes ou jusqu'à ce que le boeuf soit tendre. Retourner à mi-cuisson. Retirer la viande et mixer la sauce. Filtrer et saler.

Fileter la viande et servir les filets ronds nappés de sauce.

ASTUCE

Il peut également être préparé au four à 180°C et en le retournant à mi-cuisson.

RENÉ À JÉREZ

INGRÉDIENTS

¾ kg de rognons de porc

150ml de Xérès

1 verre de vinaigre

1 cuillère à soupe de paprika

1 cuillère rase de farine

2 gousses d'ail

1 oignon

4 cuillères à soupe d'huile d'olive

Sel et poivre

TRAITEMENT

Faire tremper les rognons nettoyés et hachés dans de l'eau glacée et 1 tasse de vinaigre pendant 3 heures. Faire bouillir de l'eau dans une casserole et retourner le couvercle. Placer les rognons dessus et maintenir sur le feu pendant 10 minutes jusqu'à ce qu'ils perdent les liquides et les impuretés. Passé ce délai, laver abondamment à l'eau froide.

Hacher finement l'oignon et l'ail. Frire dans l'huile à basse température pendant 10 min. Monter le feu et ajouter les rognons poivrés jusqu'à ce qu'ils soient dorés.

Baisser le feu et ajouter la farine et le paprika. Faire revenir 1 minute et verser dessus le xérès et 1 dl d'eau. Cuire jusqu'à ce que tout l'alcool se soit évaporé. Assaisonnez avec du sel.

ASTUCE

L'important dans cette recette est le nettoyage en profondeur des reins.

Ossobuco milanais

INGRÉDIENTS

6 os à moelle

250 g de carottes

250 g d'oignon

¼ litre de vin rouge

1 brin de thym

½ tête d'ail

1 feuille de laurier

1 grosse tomate mûre

fond de viande

Huile d'olive

Sel et poivre

TRAITEMENT

Assaisonnez l'ossobuco et faites-le dorer des deux côtés. Retirer et réserver.

Faire revenir la carotte, l'oignon et l'ail coupés en petits morceaux dans la même huile. Salez et ajoutez la tomate râpée. Faire sauter à feu vif jusqu'à ce qu'il perde toute l'eau.

Ajouter à nouveau l'ossobuco, ajouter le vin et cuire 3 min. Mouiller avec le bouillon pour recouvrir la viande. Ajouter les épices et cuire jusqu'à ce que la viande se sépare de l'os. Assaisonnez avec du sel.

ASTUCE

Si possible, faites mariner tous les légumes avec la viande, le vin et les herbes la veille. L'intensité de la saveur sera plus grande.

SECRET IBÉRIQUE AVEC SAUCE CHIMICHURRI MAISON

INGRÉDIENTS

4 secrets ibériques

2 cuillères à soupe de vinaigre

1 cuillère à café de persil frais

1 cuillère à café de paprika

1 cuillère à café de cumin moulu

3 feuilles de basilic frais

3 gousses d'ail

Jus de ½ petit citron

200ml d'huile d'olive

sel

TRAITEMENT

Écrasez l'ail pelé, le persil, le basilic, le paprika, le vinaigre, le cumin, le jus de citron, l'huile et salez au goût.

Faire dorer les secrets dans une poêle bien chaude 1 minute de chaque côté. Servir aussitôt et garnir de sauce.

ASTUCE

Piler les ingrédients dans un mortier rend les morceaux plus entiers.

VEAU AU THON

INGRÉDIENTS

1 kg de boeuf rond

250g de mayonnaise

120 g de thon en conserve, égoutté

100 ml de vin blanc sec

1 brin de persil

1 cuillère à café de jus de citron

1 branche de céleri

1 feuille de laurier

15 câpres

8 anchois

1 oignon

1 poireau

1 carotte

sel

TRAITEMENT

Mettez 1 litre et demi d'eau sur le feu, ajoutez les légumes épluchés et coupés en dés de taille moyenne, le sel et le vin. Ajouter la viande et cuire 75 minutes à feu doux. Laisser refroidir dans l'eau, égoutter et conserver couvert au réfrigérateur. Couper ensuite en tranches très fines.

Pendant ce temps, préparez une sauce en mélangeant la mayonnaise, le thon, les câpres, les anchois et le citron. Mélanger et verser sur la viande. Laisser reposer bien couvert au réfrigérateur pendant encore 1 heure.

ASTUCE

Cela peut également être fait en cuisant le rond au four pendant 90 minutes.

QUEUE DE TAUREAU

INGRÉDIENTS

2 queues de boeuf

2 litres de bouillon de viande

1 litre de vin rouge

3 cuillères à soupe de sauce tomate

1 brin de thym

1 brin de romarin

8 carottes

4 branches de céleri

2 poivrons italiens moyens

2 oignons moyens

Huile d'olive

Sel et poivre

TRAITEMENT

Couper les carottes, les poivrons, les oignons et le céleri en petits morceaux et mettre les légumes dans une casserole avec la queue de bœuf. Couvrir avec le vin et laisser macérer 24 heures. Égouttez les légumes et la queue de bœuf et réservez le vin.

Assaisonnez et faites dorer la queue. Prendre. Faire revenir les légumes dans la même huile avec un peu de sel.

Ajouter la sauce tomate, verser le vin et réduire de moitié à feu vif. Ajouter la queue de bœuf, le bouillon et les herbes aromatiques. Cuire à feu doux jusqu'à ce que la viande se détache facilement de l'os. Assaisonnez avec du sel.

ASTUCE

Si vous ajoutez une noisette de beurre à la sauce et que vous la battez, vous obtiendrez un mélange très brillant qui servira à assaisonner la viande.

Brownies

INGRÉDIENTS

150 g de chocolat de couverture

150 g) sucre

100 g de beurre

70 g de farine

50 g de noisettes

1 cuillère à café de levure

2 oeufs

sel

TRAITEMENT

Faire fondre doucement le chocolat avec le beurre au micro-ondes. A côté, battre les œufs avec le sucre pendant 3 minutes.

Mélangez ces composés et ajoutez la farine tamisée, une pincée de sel et la levure chimique. Mélangez à nouveau. Ajouter enfin les noisettes.

Préchauffer le four à 180°C. Versez la préparation dans un moule préalablement beurré et fariné et enfournez pour 15 minutes.

ASTUCE

Lorsque les noisettes sont incorporées, ajouter également quelques nuages de bonbons coupés en deux. La surprise est amusante.

SORBET CITRON A LA MENTHE

INGRÉDIENTS

225 g de sucre

½ litre de jus de citron

Zest de 1 citron

3 blancs d'œufs

8 feuilles de menthe

TRAITEMENT

Faire chauffer ½ litre d'eau et le sucre à feu doux pendant 10 min. Ajouter les feuilles de menthe coupées en lamelles, le zeste et le jus de citron. Laisser refroidir et placer au congélateur (il n'est pas nécessaire qu'il soit complètement congelé).

Montez les blancs d'œufs en neige ferme et ajoutez-les au mélange de citron. Recongeler et servir.

ASTUCE

Si vous ajoutez une pincée de sel en battant les blancs d'œufs, ils deviennent de plus en plus fermes.

RIZ ASTURIEN AU LAIT

INGRÉDIENTS

100 g de riz

100 g de sucre

100 g de beurre

1 litre de lait

2 jaunes d'œufs

1 bâton de cannelle

Zest de 1 citron

Le zeste d'1 orange

TRAITEMENT

Faites cuire le lait à feu très doux avec les agrumes râpés et la cannelle. Lorsqu'il commence à bouillir, ajouter le riz et remuer de temps en temps.

Lorsque le riz est presque mou, ajouter le sucre et le beurre. Cuire encore 5-10 minutes.

Incorporer les jaunes hors du feu et mélanger pour le rendre sirupeux.

ASTUCE

Pour un résultat encore plus étonnant, mettez 1 feuille de laurier pendant la cuisson.

COMPOTE DE BANANES AU ROMARIN

INGRÉDIENTS

30 g de beurre

1 brin de romarin

2 bananes

TRAITEMENT

Pelez et tranchez les bananes.

Mettez-les dans une casserole, couvrez et faites cuire à feu très doux avec le beurre et le romarin jusqu'à ce que la banane ressemble à une compote.

ASTUCE

Cette compote accompagne à la fois des côtelettes de porc et une génoise au chocolat. Vous pouvez ajouter 1 cuillère à soupe de sucre pendant la cuisson pour le rendre plus sucré.

CRÈMES BRÛLÉES

INGRÉDIENTS

100 g de sucre roux

100 g de sucre blanc

400cl de crème

300cl de lait

6 jaunes d'œufs

1 gousse de vanille

TRAITEMENT

Ouvrir la gousse de vanille et extraire les grains.

Dans un bol, battre le lait avec le sucre blanc, les jaunes d'œufs, la crème et les gousses de vanille. Remplir des moules individuels avec ce mélange.

Préchauffer le four à 100°C et cuire au bain-marie pendant 90 min. Une fois froid, saupoudrez de cassonade et brûlez au chalumeau (ou préchauffez le four au maximum en mode gril et faites cuire jusqu'à ce que le sucre brûle légèrement).

ASTUCE

Ajouter 1 cuillère à soupe de cacao soluble à la crème ou au lait pour une délicieuse crème brûlée au cacao.

BRAS DE GYPSY FARCI À LA CRÈME

INGRÉDIENTS

250 g de chocolat

125 g de sucre

½ litre de crème

Biscuit Soletilla (voir rubrique Desserts)

TRAITEMENT

Faire une génoise à la soletilla. Garnir de chantilly et rouler sur lui-même.

Dans une casserole, porter à ébullition le sucre avec 125 g d'eau. Ajouter le chocolat, le laisser fondre 3 minutes sans cesser de remuer et en recouvrir le rouleau. Laisser reposer avant de servir.

ASTUCE

Pour profiter d'un dessert encore plus complet et gourmand, ajoutez des petits morceaux de fruits au sirop à la crème.

FLAN AUX ŒUFS

INGRÉDIENTS

200 g de sucre

1 litre de lait

8 oeufs

TRAITEMENT

Cuire à feu doux et sans mélanger un caramel avec le sucre. Lorsqu'il a pris une couleur grillée, retirer du feu. Répartir en flans individuels ou dans n'importe quel moule.

Battre le lait et les œufs en évitant la formation de mousse. S'il apparaît avant de le placer dans les moules, retirez-le complètement.

Verser sur le caramel et cuire au bain-marie à 165°C pendant environ 45 minutes ou jusqu'à ce qu'une aiguille en ressorte propre.

ASTUCE

Cette même recette est utilisée pour faire un délicieux pudding. Il ne vous reste plus qu'à ajouter les croissants, muffins, biscuits... de la veille à la pâte.

GELÉE DE CAVA AUX FRAISES

INGRÉDIENTS

500 g de sucre

150 g de fraises

1 bouteille de vin mousseux

½ paquet de feuilles de gélatine

TRAITEMENT

Faire chauffer le cava et le sucre dans une casserole. Retirez la gélatine préalablement hydratée dans l'eau froide du feu.

Servir dans des verres à Martini avec les fraises et conserver au réfrigérateur jusqu'à épaississement.

ASTUCE

Il peut également être fait avec n'importe quel vin doux et avec des fruits rouges.

FRIT

INGRÉDIENTS

150 g de farine

30 g de beurre

250ml de lait

4 œufs

1 citron

TRAITEMENT

Porter à ébullition le lait et le beurre avec le zeste de citron. A ébullition, retirez la peau et versez la farine d'un coup. Éteignez le feu et remuez pendant 30 secondes.

Remettez sur le feu et remuez encore une minute jusqu'à ce que la pâte colle aux parois du récipient.

Versez la pâte dans un saladier et ajoutez les œufs un à un (n'ajoutez pas le suivant tant que le précédent n'est pas bien intégré à la pâte).

A l'aide d'une poche à douille ou avec 2 cuillères, faire revenir les crêpes par petites portions

ASTUCE

Il peut être rempli de crème, de crème, de chocolat, etc.

COCA DE SAINT JEAN

INGRÉDIENTS

350 g de farine

100 g de beurre

40 g de pignons de pin

250ml de lait

1 sachet de levure chimique

Zest de 1 citron

3 oeufs

sucre

sel

TRAITEMENT

Tamiser la farine et la levure chimique. Mélangez et faites un volcan. Mettre les zestes, 110 g de sucre, le beurre, le lait, les œufs et une pincée de sel au centre. Bien pétrir jusqu'à ce que la pâte ne colle pas aux mains.

Étalez au rouleau jusqu'à obtenir une fine forme rectangulaire. Déposez-les sur une plaque sur du papier sulfurisé et laissez infuser 30 min.

Peignez le coca avec l'œuf, saupoudrez de pignons de pin et 1 cuillère à soupe de sucre. Cuire au four à 200 ºC pendant environ 25 min.

ASTUCE

Il est préférable de le manger froid. Disposez dessus quelques morceaux de fruits confits avant d'enfourner. Le résultat est fantastique.

TASSE DE COMPOTE DE POIRE AU MASCARPONE

INGRÉDIENTS

400 g de poires

250g de mascarpone

50 g de sucre glace

50 g de sucre blanc

1 dl de rhum

½ cuillère à café de cannelle moulue

4 clous de girofle

TRAITEMENT

Pelez et coupez les poires. Mettez-les dans un récipient et ajoutez la liqueur et les clous de girofle. Couvrir d'eau et cuire pendant 20 minutes ou jusqu'à ce qu'ils soient tendres. Filtrer et broyer.

Remettez la purée de poires sur le feu avec le sucre et la cannelle et laissez cuire environ 10 minutes.

A côté, mélanger le mascarpone avec le sucre glace.

Répartissez la compote refroidie dans 4 verres et placez le fromage dessus.

ASTUCE

Vous pouvez ajouter le zeste de citron et quelques cuillères à soupe de limoncello au mélange de mascarpone avec du sucre glace. Le résultat est délicieux.

COULANT AU CHOCOLAT

INGRÉDIENTS

250 g de chocolat de couverture

250 g de beurre

150 g) sucre

100 g de farine

6 jaunes d'œufs

5 oeufs entiers

Boule de glace (facultatif)

TRAITEMENT

Faire fondre le chocolat et le beurre au micro-ondes. Pendant ce temps, battez les jaunes d'œufs et les œufs. Ajouter les œufs au mélange de chocolat.

Tamiser la farine et la mélanger avec le sucre. Ajouter le chocolat et les œufs et battre.

Beurrer et fariner des moules individuels et les remplir avec le mélange précédent jusqu'aux ¾ de leur contenance. Réserver au réfrigérateur pendant 30 min.

Préchauffez le four à 200 ºC et laissez cuire au moins 6 min. Il doit être fondu à l'intérieur et caillé à l'extérieur.

Servir chaud, accompagné d'une boule de glace.

ASTUCE

Ajouter une banane hachée et la crème de noisette au mélange. un délice

GÂTEAU AUX CAROTTES ET AU FROMAGE

INGRÉDIENTS

360 g de farine

360 g de sucre

2 cuillères à café de levure chimique

8 gros œufs

5 grosses carottes

1 orange

Des noisettes

raisins secs

fromage à tartiner

Sucre en poudre

Huile de tournesol

TRAITEMENT

Préchauffer le four à 170°C.

Éplucher, hacher et cuire les carottes jusqu'à ce qu'elles soient très tendres. Mélanger avec les œufs, le jus d'une ½ orange, le zeste d'orange, le sucre et un filet d'huile de tournesol.

Mélanger la levure avec la farine, le sucre et passer au tamis.

Mélanger la pâte avec le mélange de farine. Ajouter les noix hachées et les raisins secs et bien mélanger.

Beurrer et fariner un moule. Verser la pâte et cuire au four pendant 45 minutes ou jusqu'à ce qu'une aiguille insérée en ressorte propre.

Laisser refroidir et déposer dessus une couche de fromage mélangé à du sucre glace.

ASTUCE

Vous pouvez également ajouter de la cannelle, du gingembre, des clous de girofle, etc. Le résultat vous surprendra.

crème catalane

INGRÉDIENTS

200 g de sucre

45 g de fécule de maïs

1 litre de lait

8 jaunes d'œufs

1 bâton de cannelle

Zest de 1 citron

TRAITEMENT

Cuire presque tout le lait à feu doux avec la cannelle et le zeste de citron.

Pendant ce temps, battre les jaunes d'œufs avec le sucre et le reste du lait sans chauffer.

Mélanger le lait chaud avec les jaunes et cuire à feu doux. Remuez continuellement avec quelques tiges jusqu'à la première ébullition. Retirer ensuite du feu et continuer à fouetter encore 2 minutes.

Servir dans des pots en terre cuite et laisser refroidir. Au moment de servir, saupoudrez le sucre dessus et brûlez-le avec une pelle ou un chalumeau.

ASTUCE

Le lait peut être remplacé par de l'horchata. Il y a une spectaculaire crème brûlée à l'horchata.

PAIN PERDU

INGRÉDIENTS

1 morceau de pain, 3 ou 4 jours

2 litres de lait

3 oeufs

zeste de 1 citron

le bâton de cannelle

Poudre de cannelle

sucre

Huile d'olive

TRAITEMENT

Faites cuire le lait avec le bâton de cannelle et le zeste de citron avec 3 cuillères à soupe de sucre. Quand ça commence à bouillir, couvrir et laisser reposer 15 minutes.

Couper le pain en tranches et le mettre dans une assiette. Filtrer le lait sur le pain imbibé.

Égouttez le pain perdu, passez-le dans l'œuf battu et faites-le revenir des deux côtés. Retirer de l'huile, égoutter et passer dans le sucre et la cannelle.

ASTUCE

Vous pouvez terminer avec 1 cuillère à soupe de vin doux sur le dessus.

CRÈME PÂTISSIÈRE

INGRÉDIENTS

65 g de sucre

20 g de fécule de maïs

250ml de lait

3 jaunes d'œufs

TRAITEMENT

Faire bouillir presque tout le lait.

Pendant ce temps, mélanger le reste du lait avec les jaunes d'œufs, le sucre et la fécule de maïs. Bien mélanger jusqu'à ce que les grumeaux disparaissent.

Ajouter le mélange d'œufs au lait bouillant. Battre jusqu'à ce qu'il revienne à ébullition et continuer à fouetter vigoureusement pendant encore 15 secondes.

Retirer du feu et battre encore 15 secondes. Laisser refroidir et conserver au réfrigérateur.

ASTUCE

C'est la base d'innombrables desserts, et ses variables sont presque infinies.

Flan aux pêches à la noix de coco

INGRÉDIENTS

65 g de noix de coco râpée

½ litre de lait

4 cuillères à soupe de sucre

4 œufs

4 moitiés de pêches au sirop

1 pot de lait concentré

TRAITEMENT

Cuire à feu doux et sans mélanger un caramel avec le sucre. Lorsqu'il a pris une couleur grillée, retirer du feu. Diviser en flans individuels.

Mélanger la noix de coco avec le lait concentré, les œufs, la pêche et le lait. Verser sur le caramel et cuire 35 minutes à 175°C ou jusqu'à ce qu'une aiguille en ressorte propre.

ASTUCE

Ajouter quelques morceaux de muffins à la pâte.

FONDUE CHOCOLAT BLANC ET FRUITS

INGRÉDIENTS

500 g de chocolat blanc

100 g de noisettes

¼ litre de lait

¼ de litre de crème

8 fraises

2 bananes

TRAITEMENT

Cuire la crème et le lait. Ajouter le chocolat hors du feu jusqu'à ce qu'il fonde. Ajouter les noisettes concassées.

Couper les fruits en morceaux réguliers et les mettre dans un bol avec la crème au chocolat.

ASTUCE

Si les enfants ne le mangent pas, mouillez-le avec un peu de rhum.

FRUITS ROUGES AU VIN DOUX A LA MENTHE

INGRÉDIENTS

550 g de fruits rouges

50 g de sucre

2 dl de vin doux

5 feuilles de menthe

TRAITEMENT

Cuire les fruits rouges, le sucre, le vin doux et les feuilles de menthe dans une casserole pendant 20 min.

Laisser reposer dans le même récipient jusqu'à ce qu'il refroidisse et servir dans des bols individuels.

ASTUCE

Écraser et accompagner de crème glacée et de biscuits aux pépites de chocolat.

INTXAURSALSA (CRÈME DE NOIX)

INGRÉDIENTS

125 g de noix décortiquées

100 g de sucre

1 litre de lait

1 petit bâton de cannelle

TRAITEMENT

Faire bouillir le lait avec la cannelle et ajouter le sucre et les noix concassées.

Cuire à feu doux pendant 2 h et laisser refroidir avant de servir.

ASTUCE

Il doit avoir une consistance comme du riz au lait.

LAIT MERENGUÉ

INGRÉDIENTS

175 g de sucre

1 litre de lait

zeste de 1 citron

1 bâton de cannelle

3 ou 4 blancs d'œufs

Poudre de cannelle

TRAITEMENT

Faire chauffer le lait avec le bâton de cannelle et le zeste de citron à feu doux jusqu'à ce qu'il commence à bouillir. Ajouter immédiatement le sucre et cuire encore 5 minutes. Réserver et laisser refroidir au réfrigérateur.

Quand c'est froid, monter les blancs d'œufs en neige ferme et ajouter le lait avec des mouvements enveloppants. Servir avec de la cannelle moulue.

ASTUCE

Pour obtenir un granité imbattable, réservez-le au congélateur et grattez-le toutes les heures avec une fourchette jusqu'à ce qu'il soit complètement congelé.

LANGUES DE CHAT

INGRÉDIENTS

350 g de farine en vrac

250 g de pommade au beurre

250 g de sucre glace

5 blancs d'œufs

1 oeuf

Vanille

sel

TRAITEMENT

Dans un saladier mettre le beurre, le sucre glace, une pincée de sel et un peu d'essence de vanille. Bien battre et ajouter l'oeuf. Continuez à battre et ajoutez les blancs d'œufs un à un en continuant de battre. Ajouter la farine d'un coup sans trop mélanger.

Réserver la crème dans une douille avec un embout lisse et faire des bandes d'environ 10 cm. Frappez la plaque contre la table pour que la pâte s'étale et faites cuire à 200°C jusqu'à ce que les bords soient dorés.

ASTUCE

Ajouter 1 cuillère à soupe de poudre de noix de coco à la pâte pour faire différentes langues de chat.

BISCUITS À L'ORANGE

INGRÉDIENTS

220 g de farine

200 g de sucre

4 œufs

1 petite orange

1 sur levure chimique

Poudre de cannelle

220 g d'huile de tournesol

TRAITEMENT

Mélanger les œufs avec le sucre, la cannelle et le zeste et le jus d'orange.

Ajouter l'huile et mélanger. Ajouter la farine tamisée et la levure chimique. Laissez reposer ce mélange pendant 15 minutes et versez-le dans des moules à cupcakes.

Préchauffer le four à 200°C et cuire 15 minutes jusqu'à ce qu'il soit bien cuit.

ASTUCE

Vous pouvez ajouter des pépites de chocolat à la pâte.

POMMES RÔTIES AU PORTO

INGRÉDIENTS

80 g de beurre (en 4 morceaux)

8 cuillères à soupe de porto

4 cuillères à soupe de sucre

4 pommes à pin

TRAITEMENT

Pelez les pommes. Remplir de sucre et mettre du beurre dessus.

Cuire 30 min à 175 ºC. Après ce temps, saupoudrer chaque pomme de 2 cuillères à soupe de porto et cuire encore 15 minutes.

ASTUCE

Servir chaud avec une boule de glace à la vanille et arroser du jus qu'ils ont libéré.

MERINGUE CUIT

INGRÉDIENTS

400 g de sucre semoule

100 g de sucre glace

¼ litre de blancs d'œufs

gouttes de jus de citron

TRAITEMENT

Monter les blancs d'œufs au bain-marie avec le jus de citron et le sucre jusqu'à ce qu'ils soient bien montés. Retirer du feu et continuer à battre (en refroidissant, la meringue va épaissir).

Ajouter le sucre glace et continuer à battre jusqu'à ce que la meringue soit complètement froide.

ASTUCE

Il peut être utilisé pour couvrir des gâteaux et faire des décorations. Ne pas dépasser 60 ºC pour que le blanc d'œuf ne fige pas.

CRÈME

INGRÉDIENTS

170 g de sucre

1 litre de lait

1 cuillère à soupe de fécule de maïs

8 jaunes d'œufs

zeste de 1 citron

Cannelle

TRAITEMENT

Faire bouillir le lait avec le zeste de citron et la moitié du sucre. Couvrez dès que ça bout et laissez reposer hors du feu.

A côté, battre les jaunes d'œufs dans un bol avec le reste du sucre et la fécule de maïs. Ajouter un quart du lait bouilli et continuer à remuer.

Ajouter le mélange de jaunes d'œufs au reste du lait et cuire en remuant constamment.

A la première ébullition, battre au fouet pendant 15 secondes. Retirer du feu et continuer à fouetter encore 30 secondes. Égoutter et laisser reposer au frais. Saupoudrer de cannelle.

ASTUCE

Pour faire une crème pâtissière aromatisée - chocolat, biscuits écrasés, café, noix de coco râpée, etc. - il suffit d'incorporer la saveur désirée hors du feu et pendant qu'elle est chaude.

BONBONS PANNA COTTA VIOLET

INGRÉDIENTS

150 g) sucre

100 g de bonbons violets

½ litre de crème

½ litre de lait

9 feuilles de gélatine

TRAITEMENT

Humidifier les feuilles de gélatine à l'eau froide.

Faire chauffer la crème, le lait, le sucre et les caramels dans une casserole jusqu'à ce qu'ils fondent.

Une fois hors du feu, ajoutez la gélatine et mélangez jusqu'à ce qu'elle soit complètement dissoute.

Verser dans des moules et réfrigérer au moins 5 heures.

ASTUCE

Vous pouvez varier cette recette en incorporant des bonbons au café, des caramels, etc.

BISCUITS AUX AGRUMES

INGRÉDIENTS

220 g de beurre ramolli

170 g de farine

55 g de sucre glace

35 g de fécule de maïs

5 g de zeste d'orange

5 g de zeste de citron

2 cuillères à soupe de jus d'orange

1 cuillère à soupe de jus de citron

1 blanc d'oeuf

Vanille

TRAITEMENT

Mélanger très lentement le beurre, le blanc d'œuf, le jus d'orange, le jus de citron, le zeste d'agrumes et une pincée d'essence de vanille. Mélanger et ajouter la farine tamisée et la maïzena.

Mettez la pâte dans une douille avec une douille bouclée et dessinez des anneaux de 7 cm sur le papier cuisson. Cuire 15 min à 175°C.

Saupoudrer les biscuits de sucre en poudre.

ASTUCE

Ajouter les clous de girofle moulus et le gingembre à la pâte. Le résultat est excellent.

PÂTES DE MANGA

INGRÉDIENTS

550 g de farine en vrac

400 g de beurre ramolli

200 g de sucre glace

125 g de lait

2 oeufs

Vanille

sel

TRAITEMENT

Mélanger la farine, le sucre, une pincée de sel et une autre d'essence de vanille. Ajouter les œufs pas trop froids un à la fois. Mouiller avec le lait légèrement tiède et ajouter la farine tamisée.

Mettez la pâte dans une douille avec une douille hérisson et versez-en un peu sur du papier cuisson. Cuire à 180°C pendant 10 min.

ASTUCE

Vous pouvez ajouter quelques amandes granulées à l'extérieur, les tremper dans le chocolat ou y attacher les cerises.

POIRES AU VIN

INGRÉDIENTS

300 ml d'un bon vin rouge

250 g de sucre

4 poires

1 bâton de cannelle

1 zeste de citron

1 zeste d'orange

TRAITEMENT

Faire un sirop dans une casserole avec ½ litre d'eau et le sucre. Cuire à feu doux pendant 15 min. Au bout de ce temps, ajoutez le vin, les écorces d'agrumes et la cannelle.

Pelez les poires et faites-les revenir dans le vin à couvert pendant 20 minutes ou jusqu'à ce qu'elles soient tendres. Retirez du feu et laissez-les refroidir dans le liquide.

ASTUCE

Il peut être fait avec du passito, du vin blanc et même du lambrusco.

TARTE ALASKA

INGRÉDIENTS

Biscuit Soletilla (voir rubrique Desserts)

100 g de sucre

8 blancs d'œufs

Glace en bloc de 300 g

100 g de fruits au sirop

TRAITEMENT

Faire une génoise et laisser refroidir.

Préparez un sirop avec 200 ml d'eau et 50 g de sucre. Cuire 5 min à feu moyen-vif.

Montez les 8 blancs d'œufs en neige ferme et lorsqu'ils sont presque fermes, ajoutez le reste du sucre.

Verser progressivement le sirop sur les blancs d'oeufs sans cesser de battre. Continuez à battre jusqu'à ce que la meringue ne soit plus chaude.

Placez la crème glacée surgelée sur le dessus du gâteau et les fruits sur la crème glacée. Couvrir avec la meringue et cuire 1 minute à haute température jusqu'à ce que la surface soit bien dorée.

ASTUCE

Monter et cuire le gâteau à la dernière minute. Le contraste de température surprendra. Ajouter une pincée de sel aux blancs d'œufs pour rendre la meringue plus stable.

PUDDING

INGRÉDIENTS

300 g de sucre

1 litre de lait

8 oeufs

Desserts (muffins, croissants fourrés, etc.)

Vinaigre

TRAITEMENT

Préparez le caramel avec 100 g de sucre, 1 verre d'eau et une goutte de vinaigre. Dès qu'il commence à colorer, retirez du feu et réservez.

Battez les œufs avec le reste du sucre et le lait (il ne doit pas mousser, si quelque chose en sort enlevez-le).

Verser le caramel dans le fond d'un moule. Versez ensuite le mélange d'œufs, ajoutez les pâtisseries et laissez-les tremper.

Cuire au bain-marie à 170°C pendant 45 minutes ou jusqu'à ce qu'une aiguille insérée au centre du boudin en ressorte sèche. Laissez-le refroidir avant de le manger.

ASTUCE

Ajoutez quelques perles de chocolat à la pâte avant la cuisson. Une fois fondu, il offre une saveur délicieuse.

CONCASSES DE TOMATES

INGRÉDIENTS

1 kg de tomates

120 g d'oignons

2 gousses d'ail

1 brin de romarin

1 brin de thym

sucre

1 dl d'huile d'olive

sel

TRAITEMENT

Couper les oignons et l'ail en petits morceaux. Faire revenir doucement 10 minutes dans une poêle.

Coupez les tomates cerises et ajoutez-les dans la poêle avec les herbes aromatiques. Cuire jusqu'à ce que les tomates perdent toute leur eau.

Salez et rectifiez le sucre si nécessaire.

ASTUCE

Il peut être préparé à l'avance et conservé au réfrigérateur dans un récipient hermétique.

SAUCE ROBERTO

INGRÉDIENTS

200 g d'oignon de printemps

100 g de beurre

½ litre de bouillon de boeuf

¼ de litre de vin blanc

1 cuillère à soupe de farine

1 cuillère à soupe de moutarde

Sel et poivre

TRAITEMENT

Faire revenir l'oignon haché dans le beurre. Ajouter la farine et cuire doucement pendant 5 min.

Monter le feu, ajouter le vin et laisser réduire de moitié en remuant constamment.

Ajouter le bouillon et cuire encore 5 minutes. Une fois hors du feu, ajouter la moutarde et assaisonner de sel et de poivre.

ASTUCE

Idéal pour accompagner le porc.

SAUCE ROSE

INGRÉDIENTS

250 g de sauce mayonnaise (voir rubrique Bouillons et sauces)

2 cuillères à soupe de ketchup

2 cuillères à soupe de cognac

½ jus d'orange

Tabasco

Sel et poivre

TRAITEMENT

Mélanger la mayonnaise, le ketchup, le cognac, le jus, une pincée de tabasco, sel et poivre. Bien battre jusqu'à obtenir une sauce onctueuse.

ASTUCE

Pour rendre la sauce plus homogène, ajoutez ½ cuillère à soupe de moutarde et 2 cuillères à soupe de crème liquide.

SAC À POISSON

INGRÉDIENTS

500 g d'arêtes ou de têtes de poisson blanc

1 dl de vin blanc

1 brin de persil

1 poireau

½ petit oignon

5 grains de poivre

TRAITEMENT

Mettre tous les ingrédients dans une casserole et couvrir d'1 litre d'eau froide. Faire bouillir à feu moyen pendant 20 minutes sans cesser de mousser.

Filtrer, transférer dans un autre récipient et conserver rapidement au réfrigérateur.

ASTUCE

Ne salez pas avant d'être prêt à l'emploi, car il est plus susceptible de se gâter. C'est la base des sauces, des plats de riz, des soupes, etc.

SAUCE ALLEMANDE

INGRÉDIENTS

35 g de beurre

35 g de farine

2 jaunes d'œufs

½ litre de bouillon (poisson, viande, volaille, etc.)

sel

TRAITEMENT

Faire revenir la farine dans le beurre à feu doux pendant 5 min. Ajouter le bouillon d'un coup et cuire à feu moyen encore 15 minutes en remuant constamment. Assaisonnez avec du sel.

Retirer du feu et, sans cesser de battre, ajouter les jaunes.

ASTUCE

Ne pas trop chauffer pour ne pas faire coaguler les jaunes.

SAUCE COURAGEUSE

INGRÉDIENTS

750 g de tomates frites

1 petit verre de vin blanc

3 cuillères à soupe de vinaigre

10 amandes crues

10 piments

5 tranches de pain

3 gousses d'ail

1 oignon

sucre

Huile d'olive

sel

TRAITEMENT

Faire dorer l'ail entier dans une poêle. Retirer et réserver. Faire revenir les amandes dans la même huile. Retirer et réserver. Faites frire le pain dans la même poêle. Retirer et réserver.

Faire revenir l'oignon coupé en julienne dans la même huile avec les piments. Quand il est bouilli, mouillez-le avec le vinaigre et le verre de vin. Laisser réduire 3 minutes à feu vif.

Ajouter la tomate, l'ail, les amandes et le pain. Cuire pendant 5 minutes, mixer et, si nécessaire, ajouter du sel et du sucre.

ASTUCE

Peut être congelé dans des bacs à glaçons individuels et utilisé uniquement au besoin.

BOUILLON FONDANT (POULET OU BOEUF)

INGRÉDIENTS

5 kg d'os de boeuf ou de poulet

500 g de tomates

250 g de carottes

250 g de poireaux

125 g d'oignons

½ litre de vin rouge

5 litres d'eau froide

1 brin de pieux

3 feuilles de laurier

2 branches de thym

2 brins de romarin

15 grains de poivre

TRAITEMENT

Cuire les os à 185°C jusqu'à ce qu'ils soient légèrement grillés. Ajouter les légumes nettoyés et coupés en morceaux moyens dans la même poêle. Faire dorer les légumes.

Placer les os et les légumes dans une grande marmite. Ajouter le vin et les herbes et ajouter l'eau. Cuire 6 à feu doux en écumant de temps en temps. Égoutter et laisser refroidir.

ASTUCE

Il est à la base de nombreuses sauces, ragoûts, risottos, soupes, etc. Une fois le bouillon froid, la graisse reste solidifiée sur le dessus. Cela facilite son retrait.

PICON MOJO

INGRÉDIENTS

8 cuillères à soupe de vinaigre

2 cuillères à café de grains de cumin

2 cuillères à café de paprika doux

2 têtes d'ail

3 piments de Cayenne

30 cuillères à soupe d'huile

de gros sel

TRAITEMENT

Piler tous les ingrédients solides, sauf le paprika, dans un mortier pour obtenir une pâte.

Ajouter le paprika et continuer à mixer. Ajouter progressivement les liquides jusqu'à l'obtention d'une sauce onctueuse et émulsionnée.

ASTUCE

Idéal pour accompagner les fameuses pommes de terre ridées et aussi pour les poissons grillés.

SAUCE PESTO

INGRÉDIENTS

100 g de pignons de pin

100 g de parmesan

1 bouquet de basilic frais

1 gousse d'ail

huile d'olive douce

TRAITEMENT

Piler tous les ingrédients sans les laisser bien homogènes pour remarquer le croquant des pignons de pin.

ASTUCE

Vous pouvez remplacer les pignons de pin par des noix et le basilic par de la roquette fraîche. Il est à l'origine fait avec du mortier.

SAUCE AIGRE DOUCE

INGRÉDIENTS

100 g de sucre

100 ml de vinaigre

50 ml de sauce soja

Zest de 1 citron

Le zeste d'1 orange

TRAITEMENT

Cuire le sucre, le vinaigre, la sauce soja et les zestes d'agrumes pendant 10 min. Laisser refroidir avant utilisation.

ASTUCE

C'est l'accompagnement parfait des rouleaux de printemps.

MOJITO VERT

INGRÉDIENTS

8 cuillères à soupe de vinaigre

2 cuillères à café de grains de cumin

4 boules de poivre vert

2 têtes d'ail

1 bouquet de persil ou de coriandre

30 cuillères à soupe d'huile

de gros sel

TRAITEMENT

Mélanger tous les solides en une pâte.

Ajouter progressivement les liquides jusqu'à l'obtention d'une sauce onctueuse et émulsionnée.

ASTUCE

Il se conserve sans problème recouvert d'un film transparent, réfrigéré au réfrigérateur pendant quelques jours.

SAUCE BÉCHAMEL

INGRÉDIENTS

85 g de beurre

85 g de farine

1 litre de lait

Noix de muscade

Sel et poivre

TRAITEMENT

Faites fondre le beurre dans une casserole, ajoutez la farine et faites cuire à feu doux pendant 10 minutes en remuant constamment.

Ajouter le lait d'un coup et cuire encore 20 minutes. Continuez à mélanger. Assaisonner de sel, poivre et noix de muscade.

ASTUCE

Pour éviter les grumeaux, faites cuire la farine avec le beurre à feu doux en remuant constamment jusqu'à ce que le mélange devienne presque liquide.

SAUCE DU CHASSEUR

INGRÉDIENTS

200 g de champignons

200 g de sauce tomate

125 g de beurre

½ litre de bouillon de boeuf

¼ de litre de vin blanc

1 cuillère à soupe de farine

1 oignon nouveau

Sel et poivre

TRAITEMENT

Faire revenir la ciboulette finement hachée dans le beurre à feu moyen pendant 5 minutes.

Ajouter les champignons nettoyés et coupés en quatre et augmenter le feu. Cuire encore 5 minutes jusqu'à ce qu'ils n'aient plus d'eau. Ajouter la farine et cuire encore 5 minutes en remuant constamment.

Mouiller avec le vin et laisser évaporer. Ajouter la sauce tomate et le bouillon de boeuf. Cuire encore 5 minutes.

ASTUCE

Conservez au réfrigérateur et étalez dessus un léger film de beurre afin qu'une croûte ne se forme pas à la surface.

SAUCE AÏOLI

INGRÉDIENTS

6 gousses d'ail

Vinaigre

½ litre d'huile d'olive légère

sel

TRAITEMENT

Écrasez l'ail avec le sel dans un mortier jusqu'à obtenir une pâte.

Ajouter progressivement l'huile en remuant constamment avec le pilon jusqu'à l'obtention d'une sauce épaisse. Ajouter un filet de vinaigre à la sauce.

ASTUCE

Si vous ajoutez 1 jaune d'œuf lorsque vous écrasez l'ail, il est plus facile de faire la sauce.

www.ingramcontent.com/pod-product-compliance
Lightning Source LLC
Chambersburg PA
CBHW070355120526
44590CB00014B/1147